H. Norman Wright

W0045369

Geschwister forever

... wie sie unser Leben beeinflussen und bereichern

FRANCKE
Verlag der Francke-Buchhandlung GmbH

Die Deutsche Bibliothek - CIP-Einheitsaufnahme

Wright, Norman:
Geschwister forever : wie sie unser Leben beeinflussen und bereichern / H.
Norman Wright. [Dt. von Ingo Rothkirch]. – Marburg an der Lahn:
Francke, 2001
(Francke-Ratgeber)
Einheitssacht.: Sisters & Brothers forever <dt.>
ISBN 3-86122-487-9

Alle Rechte vorbehalten
Originaltitel: Sisters & Brothers forever
© 1999 by H. Norman Wright
Published by Gospel Literature International, USA
© der deutschsprachigen Ausgabe
2001 by Verlag der Francke-Buchhandlung GmbH
35037 Marburg an der Lahn
Deutsch von Ingo Rothkirch
Umschlaggestaltung: Reproservice Jung, Wetzlar
Satz: Verlag der Francke-Buchhandlung GmbH
Druck: Schönbach-Druck GmbH, Erzhausen

Francke-Ratgeber

Inhaltsverzeichnis

1. Familienbande oder Fessel?

Dick und Tommy waren Brüder, die früher einmal bei uns im Fernsehen als Komiker auftraten. Dabei gehörte es zu ihrer Masche, dass sich Tommy bei Dick beklagte: „Mama hat dich immer vorgezogen!" Worauf Dick konterte: „Das hat sie gar nicht!" Und Tommy erwiderte wehleidig: „Hat sie doch!" Und dann begründete er mit eher fadenscheinigen Argumenten seine Meinung. Warum aber hatte das im Studio anwesende Publikum immer wieder so viel Spaß daran? Ich denke, weil die meisten Zuschauer solche typischen Wortgeplänkel zwischen Geschwistern aus eigener Erfahrung kannten.

Jeder hat Menschen in seiner Umgebung, die sein Leben mehr oder weniger stark beeinflussen. Dann gibt es da aber noch die eine oder andere Person, die einen besonders nachhaltigen Einfluss auf unser Leben ausübt. Das ist weder unsere erste Liebe noch einer unserer Kollegen und auch nicht der Ehepartner. Es sind nicht einmal die Eltern, so groß deren Einfluss auch gewesen sein mag. Der Mensch, der unser Leben am nachdrücklichsten mitbestimmt, ist unser Bruder oder unsere Schwester.

Vielleicht ist es Ihnen noch nie so recht bewusst geworden, wie sehr die Geschwister Ihr Leben geprägt haben. Viele Erwachsene haben in der Tat die Erfahrung gemacht, dass sie mit Geschwistern in den besonders prägenden Jahren der Kindheit mehr Zeit verbrachten als mit ihren Eltern. Die Beziehungen zu den Geschwistern sind in vielen Fällen die längsten unseres Lebens. Sie überdauern die Periode, in der wir mit den Eltern leben, oft um zwanzig bis dreißig Jahre.

Durch dick und dünn

Unsere Freunde können wir uns aussuchen, wir haben jedoch keine Garantie dafür, dass diese Personen auch für den Rest des Lebens unsere Freunde bleiben. Freunde kommen und gehen.

Leider halten auch die mit einem Gelöbnis eingegangenen Ehen nicht immer. Viele dieser Zweierbeziehungen zerrütten und gehen in die Brüche.

Allein die Geschwister kann man nicht wirklich „loswerden". Ihr Bruder wird ein Leben lang Ihr Bruder bleiben, und Ihre Schwester bleibt für immer Ihre Schwester.

Auch wenn die Familie ständig kleiner wird, bleiben oft die Geschwister übrig. Wir können im Normalfall darauf setzen, dass uns der Bruder oder die Schwester auch im höheren Alter noch erhalten bleibt. Darüber hinaus sind Geschwister ein Bindeglied zu unserer eigenen, gemeinsamen Vergangenheit. Die Intensität unserer Kontakte mag im Laufe der Zeit abnehmen. Die Kindheit ist meist bestimmend, wie eng unsere Geschwisterbeziehung im Erwachsenenalter noch ist.

Geschwisterbeziehungen begegnen uns überall in der Literatur. Wer kennt nicht Kain und Abel aus der Bibel oder Hänsel und Gretel aus dem Märchen? Doch in der Praxis setzen wir uns in der westlichen Kultur mit Geschwisterbeziehungen eher selten auseinander. Wir nehmen sie als Gegebenheit hin. In anderen Gesellschaften sieht das anders aus. Dort haben die Beziehungen zu Geschwistern häufig einen viel höheren Stellenwert. Es gibt sogar Kulturen, in denen das Verhältnis zu den Geschwistern höher geachtet wird als die Beziehung zu den Eltern. Da bestimmt dann der ältere Bruder über die Geschicke seiner Geschwister.

Sie haben bestimmt schon mit anderen über Erlebnisse mit den eigenen Geschwistern gesprochen. Dabei werden Sie wahrscheinlich die Entdeckung gemacht haben, dass es zahlreiche Parallelen gab. Wir alle machen viele ähnliche Erfahrungen, wenn wir Geschwister haben. Doch noch etwas anderes haben wir häufig mit unseren Gesprächspartnern gemein: Wir vernachlässigen die Beziehung zu Bruder und Schwester. Ausführlich wird in der Gesellschaft der Einfluss der Mutter auf den Sohn und die Beziehung zwischen Vater und Tochter diskutiert. Aber kaum jemand spricht darüber, wie nachhaltig die eigenen Geschwister unser Leben geprägt haben.

Vertikale und horizontale Beziehungen

Während wir heranwachsen, gibt es für uns zwei Arten von Beziehungen: die vertikalen zu den Eltern und die horizontalen zu den Geschwistern. In der senkrechten Beziehung zu unseren Eltern sehen wir zu ihnen auf. Sie sind es, die uns Grenzen setzen, Regeln aufzeigen, Werte vermitteln und uns Moral lehren. Man erwartet von Kindern, dass sie ihre Eltern respektieren und ehren und ihnen gehorchen. Die Eltern helfen, unseren Charakter zu bilden, Werte und Ziele zu bestimmen und gesunde Abwehrmechanismen zu entwickeln. Eltern sind eben Autoritätspersonen. Zumindest sollten sie es sein. Sie begrenzen unseren Aktionsradius und wachen darüber, dass unsere verbalen Ausdrucksformen nicht ausufern. Die Eltern befinden sich eine Stufe höher als die Kinder und sorgen dafür, dass sich der Nachwuchs die Verhaltensregeln der Erwachsenen aneignet.

Bei einem Gespräch mit einer Klientin über das Beziehungssystem in ihrer Familie sagte ich: „Sie müssen sich immer vergegenwärtigen, dass Sie keineswegs dieselben Eltern haben wie Ihre Geschwister."

Sie sah mich eine Weile schweigend an. Und ich bemerkte, wie verdutzt sie war. „Ich weiß nicht, ob ich Sie richtig verstanden habe", sagte sie. „Natürlich haben wir dieselben Eltern! Andernfalls wären wir doch keine Geschwister."

Ich erwiderte: „Überlegen Sie mal. Natürlich haben Sie und Ihre Geschwister biologisch dieselben Eltern. Das ist eine Tatsache. Dennoch ist keins der Geschwister dem *gleichen* Elternpaar in die Wiege gelegt worden." Ich machte sie dann darauf aufmerksam, dass sich zwischen den einzelnen Geburten einiges bei ihrer Familie ereignet hatte.

Johannes war der Erste. Seine Eltern gingen noch ein wenig verunsichert und unbeholfen mit ihm um, denn so ein kleiner Wurm war für sie eine ganz neue Erfahrung. Sie gaben sich die allergrößte Mühe, wollten alles perfekt machen und waren doch oft nicht sicher, was sie tun sollten.

Seine Eltern hatten gerade vor zwei Jahren geheiratet, und das bedeutete, dass die erste Liebe noch nicht gewichen war. Beide hatten ihren Beruf, und so konnten sie doch einiges an Geld auf die hohe Kante legen. Zwar wünschten sie sich manchmal, noch mehr Zeit für ihren Sprössling erübrigen zu können. Trotzdem waren sie im Allgemeinen mit ihren Erziehungsbemühungen zufrieden. Überzeugt, dass Kinder sich in jedem Fall dem Tagesablauf der Eltern anzupassen haben, fütterten sie den kleinen Johannes genau nach Zeitplan.

Die Folge dieser ganzen Erfahrungen war, dass Johannes selber ein übervorsichtiger Zeitgenosse wurde, der noch heute ungern etwas dem Zufall überlässt. Fleiß und ein gutes Einkommen sind ihm wichtig, und es fällt ihm nicht schwer, sich an Regeln und Gesetze zu halten. Kein Wunder!

Erst sechs Jahre später kam Jean zur Welt. Und Jeans Eltern waren damals schon wesentlich entspannter. Eine gewisse Nachgiebigkeit kennzeichnete jetzt ihren Erziehungsstil. Die Mutter war nicht mehr berufstätig, und so hatte sie die Zeit für ihre Tochter, die Johannes noch vermisste. Allerdings waren Jeans Eltern bereits acht Jahre verheiratet und hatten bereits das „verflixte siebte Jahr" hinter sich. Die Romantik in ihrer Beziehung war längst verflogen, und sie gerieten schon häufiger aneinander.

Zusätzlich zu diesen äußeren Einflüssen spielten die Gene eine nicht unerhebliche Rolle. Johannes war von dem Augenblick, da er das Licht der Welt erblickte, ein anpassungsfähiges Wesen, während Jean gleich „Hoppla, jetzt komm' ich" zu schreien schien. Da ist es doch allzu natürlich, dass John und Jean von den Eltern ganz unterschiedliche Reaktionen erlebten.

Klaus war das dritte Kind, geboren vier Jahre nach Jean. Die Eltern waren inzwischen nicht nur gelassen und abgeklärt. Sie fanden auch noch Unterstützung durch Johannes und Jean, die immer einspringen konnten, wenn die Eltern mal verhindert waren. Der älter werdende Klaus beobachtete genau, wie die Eltern mit seinen älteren Geschwistern umgingen, und so konnte er manchen Fehler vermeiden. Da Klaus um die Aufmerksamkeit seiner Eltern buhlen musste (seine Mutter war wieder berufstätig und im Begriff, die Karriereleiter im Schnellgang zu erklimmen), blieb ihm nichts anderes übrig, als mit besonderer Kreativität vorzugehen. Klaus war immerhin Mitglied einer fünfköpfigen Familie, während Johannes noch seine Eltern ganz für sich hatte, bis Jean kam und ihm viel von der Aufmerksamkeit raubte, an die er zuvor gewöhnt war.

Drei Kinder mit denselben Eltern – aber nie waren es die *gleichen* bei jeder neuen Geburt.

Wenn wir bei anderen beobachten, was sie aus ihrem Leben machen, so versuchen wir immer wieder, darin den Einfluss der *Eltern* zu entdecken – oder gar ein Aufbegehren gegen sie. Das mag in vielen Fällen berechtigt sein, aber längst nicht immer. Ich kannte einmal eine Frau, die dreimal verheiratet und dreimal geschieden war. Und wenn man genauer hinsah, entdeckte man, dass alle drei Männer vom selben Schlag waren: extrovertierte Charmeure, verantwortungslos und windig.

Eine Erklärung für diese Übereinstimmung werden viele in der Beziehung zwischen Vater und Tochter suchen. Man fragt sich, wie der Vater dieser Frau wohl gewesen sein mag. Und das kann im Einzelfall durchaus seine Berechtigung haben. Aber wir sollten es damit nicht bewenden lassen. Gehen wir ein wenig in die Tiefe. Bei der Frau, an die ich denke, war jeder ihrer Männer eine exakte Kopie ihres jüngeren Bruders. Konnte das nur Zufall sein? Oder hatte hier der Bruder einen nachhaltigeren Eindruck hinterlassen als der Vater?

Stellen wir uns einen stellvertretenden Direktor einer Firma vor, der als ausgesprochen kompetent gilt und ein hohes Ansehen genießt. Ihm wird eines Tages eine Spitzenposition in seiner Firma angeboten. Er wäre durchaus in der Lage, den Anforderungen dort zu genügen. Andere machen ihm Mut, den Schritt zu wagen. Dennoch zögert er, als sei er innerlich blockiert oder als habe er vor irgendetwas Angst.

Nun könnte man über die Gründe spekulieren:

* *Sein Vater hat ihn in jungen Jahren ständig zu mehr Leistung angetrieben. Und jetzt begehrt er dagegen auf.*
* *Seine Eltern haben ihm ständig vorgehalten, er werde es im späteren Leben zu nichts bringen, und das hemmt seine Entscheidungsfreudigkeit.*
* *Er ist ein Perfektionist, und da er nicht genau weiß, ob er den Anforderungen genügt, fürchtet er sich vor dem Wagnis.*
* *Er ist das zweite Kind. Sein Bruder hat immer mit großartigen Leistungen geglänzt und war der beachtete Liebling der Familie. So hält er sich zurück, weil er unbewusst überzeugt ist, nur einer wie sein Bruder könnte diese Position ausfüllen.*

Haben Sie sich für die letzte Variante entschieden? Sie hätten es jedenfalls tun sollen, denn das war der tatsächliche Grund.

So manches Trauma aus der Kindheit und Jugend kommt immer und immer wieder auf der Bühne unseres Lebens zur Aufführung. Und häufig sind die Eltern die Urheber. Doch viel öfter als wir ahnen, wirkt sich die horizontale Geschwisterbeziehung auf unser späteres Leben aus.

Fragen wir uns einmal, wie das kommt. Geschwister gehen offener und ungeschminkter miteinander um. Sie sprechen über Dinge, die sie den Eltern verschweigen. Sie verbringen mehr Zeit miteinander als mit Vater und Mutter, und deshalb kennen sie sich so, wie die Eltern sie niemals kennen lernen. Sie bekommen schnell heraus, was den Bruder oder die Schwester auf die Palme bringt oder wie sie ihn ausstechen können. Geschwister durchschauen einander wesentlich leichter als Eltern das können, und so verstehen sie es oft intuitiv, sich auf den anderen einzustellen. Sie ahnen, was der andere denkt und können sich so besser in seine Lage hineinversetzen. Das bedeutet aber auch, dass sie geschickter manipulieren und die Schwachpunkte des anderen für sich nutzen können.

Unser ganzes Leben ist ein großes Experiment, bei dem es darum geht, uns durch immer neue Erfahrungen für die Anforderungen des Alltags fit zu machen. Einen Großteil dieser „Experimente", durch die wir soziale Kompetenz erwerben, machen wir zusammen mit unseren Geschwistern. Eltern sind Vorbilder, aber Geschwister sind es oft noch mehr. Bei ihnen lernen wir es eben besser, zu spielen, kreativ zu werden und die alltäglichen Konflikte mit Gleichaltrigen auszutragen!

Geschwister lernen untereinander, wann es an der Zeit ist, sich selbst zu verteidigen. Sie lernen, wie man dem anderen Schuldgefühle oktroyiert und wie man es vermeidet, den Kürzeren zu ziehen. Wie oft zanken sich Geschwister! Und manchmal fragen sich die Eltern, ob die Kinder es jemals lernen werden miteinander auszukommen. Aber dann gibt es auch diese tröstlichen Erfahrungen: Eben noch haben sie sich wie feindliche Heerlager bekriegt, und schon im nächsten Augenblick solidarisieren sie sich gegen irgendeinen äußeren „Feind" und sind ein Herz und eine Seele.

Einer meiner Freunde erzählte mir bei Gelegenheit, dass er und sein Bruder sich jahrelang immer wieder in den Haaren gelegen hatten. Er war der Älteste von sechs Geschwistern. Der Nächste war sein 18 Monate jüngerer Bruder. Mit ihm stritt er sich um jede Kleinigkeit. Als sie beide zur Oberschule gingen, war ihm sein jüngerer Bruder sogar über den Kopf gewachsen.

Eines Tages kam es in der Küche wieder einmal zu Handgreiflichkeiten. Sein Bruder boxte ihm dabei so heftig gegen die Brust, dass ihm die Luft wegblieb und er zu Boden stürzte. Da fing die Mutter an zu schluchzen. Noch nie hatten sie ihre Mutter so weinen gesehen. Das war ein heilsamer Schock, und sie nahmen sich vor, nie wieder so aufeinander loszugehen. Sie schlossen sogar richtig Freundschaft. Das ist nun schon 30 Jahre her, aber mein Freund sieht diese Szene immer noch vor sich, als wäre sie erst geschehen.

Ganz unterschiedliche Geschwisterbeziehungen in derselben Familie

In ein und derselben Familie können mehrere Geschwister ganz unterschiedliche Beziehungen haben. Manche sind enger und andere lockerer. In der einen Familie kommt es zu Solidarisierungen zwischen einzelnen Geschwistergruppen, während in der anderen alle zusammen eine verschworene Gemeinschaft bilden. Solche einmal gebildeten Strukturen können über Jahre bestehen bleiben.

Es gibt drei Gruppen von Geschwisterbeziehungen mit verschiedenen Stufen der Identifikation.

Da ist zunächst die *starke Identifikation*: Die Geschwister erkennen im anderen viele Ähnlichkeiten und empfinden deshalb große Nähe. Gehören auch Sie zu dieser Gruppe? Haben Sie entsprechende Erfahrungen gemacht?

Es kann aber auch nur eine *partielle Identifikation* vorliegen. Hier empfinden die Beteiligten sowohl Nähe als auch Distanz. Wie sieht es bei Ihnen und Ihren Geschwistern diesbezüglich aus?

Dann gibt es noch die *schwache Identifikation*. Es werden in der Geschwisterbeziehung nur wenige Ähnlichkeiten erkannt, dafür aber umso häufiger große Unterschiede. Empfinden Sie Ihre Geschwister als Fremde?

Nähe und Ferne

Bruder und Schwester können sich sehr nahe stehen, aber auch große Fremdheit empfinden. So gibt es Geschwister, die von sich behaupten, sie seien kaum auseinander zu halten. Sie glichen dem Wesen nach wie ein Ei dem anderen. In manchen Familien identifizieren sich Geschwister so sehr mit dem anderen, dass sie kaum noch in der Lage sind, selbstständig und aus eigenem Antrieb zu agieren. Und so verlieren sie ihre ganz persönliche Identität.

Wenn Kinder nicht von Anfang an mit einer klaren Identität aufwachsen, bleiben sie ständig auf der Suche nach einer Person, an die sie sich klammern können. Das kann die Schwester oder der Bruder sein. Auch in solchen klammernden Beziehungen kann es zu Nähe und Distanz kommen. Doch der nagende Zweifel an der eigenen Identität bleibt immer bestehen. Und so kommt es, dass alle Beziehungen solcher Menschen irgendwie konturlos und verschwommen bleiben.

Manchmal kommt es auch unter Geschwistern zu einer Art Personenkult. Dann hört man Bekenntnisse wie: „Ich bewundere dich so. Ich möchte genau wie du werden." Das ist häufiger der Fall, wenn der Altersunterschied größer ist.

Eine solche Tendenz zum Nachahmen kann durchaus von Vorteil sein, vorausgesetzt der zum Vorbild Erkorene hat weitgehend gute Charaktereigenschaften. Es kommt immer wieder vor, dass der andere idealisiert wird und man sich dann mit dem entstandenen Idealbild identifiziert, um damit dem eigenen Leben Sinn und Halt zu geben. So kann z.B. die Rebellion des Älteren von den jüngeren Geschwistern als durchaus spannend und aufregend erlebt werden, weshalb sie später sein Verhalten kopieren. Oder ein Elternteil stirbt, und seine Vorbildfunktion fällt aus. Dann werden jüngere Geschwister schnell empfänglich für das Vorbild der Älteren. Man kann also immer nur hoffen, dass jeder Heranwachsende mit dem Abschluss der Pubertät seine eigenständige Identität gefunden hat.

Die Identifikation kann aber auch eingeschränkt sein. Der Hang, sich durch den Bruder oder die Schwester zu identifizieren, bleibt dann nur auf bestimmte Bereiche beschränkt. Dann hört man z. B. Aussagen wie: „Wir sehen uns ähnlich." Oder: „Wir sind beide sehr sportlich." Es geht aber immer nur um bestimmte Bereiche.

Nun kommen wir zur idealen Geschwisterbeziehung. Hier erklären die Beteiligten: „Wir ähneln uns und sind doch verschieden. Und das ist gut so. Ich werde durch meinen Bruder/meine Schwester immer wieder auch in Frage gestellt und zur Neubestimmung meiner Position gezwungen. Und dem anderen geht es genauso." Das ist eine ausgewogene Beziehung. Jeder der Beteiligten kann seine Persönlichkeit entfalten, weil er respektiert wird.

Doch weil jeder souverän und eigenständig agiert, kommt es auch dazu, dass die Geschwister sich gegenseitig anregen, herausfordern und fördern. Sie ergänzen sich. Niemand klammert oder verachtet den anderen. Wer auf diese Weise erfahren hat, was Solidarität bei bestehenden Unterschieden heißt, der ist gut auf die Ehe vorbereitet. Auch in der Partnerschaft ist es von Vorteil, wenn keiner der Beteiligten herrschen will.

Feindschaftliche Beziehungen

Ungesund wird die Beziehung, wenn richtige Feindseligkeit hinzukommt. Dann hören wir beispielsweise folgende Aussagen: „Wir sind uns in vielen Bereichen fremd. Nicht nur, dass wir uns nicht sonderlich mögen – keiner von uns braucht den anderen." Irgendwie nimmt man zwar hin, dass es den anderen gibt. Im täglichen Leben jedoch geht man sich lieber aus dem Weg. Oder die Geschwister bleiben in Kontakt, weil einer den anderen als Fußabtreter oder seelischen Mülleimer braucht. Geschwister, die in solch einer feindseligen Beziehung leben, sind füreinander keine echte Stütze. Und der Groll wächst von Jahr zu Jahr.

Die extremste Form der Entfremdung in einer Geschwisterbeziehung wird durch folgende Aussage gekennzeichnet: „Wir sind uns vollkommen fremd. Der andere ist mir völlig gleichgültig. Und da der Bruder/die Schwester mir so zuwider ist, möchte ich ihn/sie auch nicht mehr sehen." Die allermeisten Geschwister haben ein Grundbedürfnis nach einer gewissen Identifikation. Doch es geschieht immer wieder, dass es zu einer völligen Entfremdung kommt. Jede Form der Identifikation und jede Ähnlichkeit wird geleugnet, und der andere soll aus dem Leben des sich gekränkt Fühlenden verschwinden. Was andere Geschwister erfahren, nämlich Schutz und Solidarität, kommt in solchen Beziehungen nicht mehr vor. Man stellt sich gegenseitig bloß, verurteilt den anderen und geht sich aus dem Weg. „Geh mir aus den Augen!" Das ist die Kernaussage in einer derart zerrütteten Geschwisterbeziehung.

Die Nähe wiederherstellen

Die meisten von uns haben Erlebnisse und Erfahrungen mit Geschwistern, die so fest in ihrem Gedächtnis haften geblieben sind, dass sie nicht mehr vergessen werden. Es sind gute und schlechte. Welche Erinnerungen haben Sie? Wie haben Erfahrungen mit den Geschwistern Ihr Leben bestimmt?

Immer wieder kommt es vor, dass Menschen diesen Einfluss der Geschwister nicht recht wahrhaben wollen.

Der Einfluss der Geschwister macht sich jedoch in jedem Lebensbereich irgendwie bemerkbar – ob es darum geht, wie Sie Entscheidungen treffen, auf der Arbeit mit Vorgesetzten zurechtkommen oder mit Ihren Freunden, Nachbarn, Bewunderern und Feinden umgehen.

Selbst die Art, wie Sie mit dem Partner leben und ihre Kinder erziehen, wird vom Verhältnis zu den eigenen Geschwistern mitbestimmt. Das hat Sie so nachhaltig in Ihrem Wesen geprägt, dass Sie kaum etwas tun können, was nicht auf die eine oder andere Weise den formenden Einfluss Ihrer Geschwister verrät.

Die Geschwister sind es, die in dieser Welt der unendlichen Zahl freier Entscheidungen ein Refugium schaffen, in dem wir immer wieder Vertrautes vorfinden. Das macht ihren Einfluss auf unser Leben aus. Bei jeder Kursbestimmung in Ihrem Leben werden Sie das Radarsystem einsetzen, das darauf programmiert ist, immer zuerst das Wohlvertraute zu suchen. Es gibt ein Gefühl der Sicherheit und die Gewissheit, die Herrschaft zu behalten, wenn man sooft wie möglich vertraute Situationen und Menschen ansteuert. Deshalb werden Sie immer dazu neigen, in jedem, dem Sie begegnen, Vertrautes aus der Vergangenheit zu suchen.

Sie werden sich deshalb auf irgendeine Weise zu Menschen hingezogen fühlen, die gewisse Gemeinsamkeiten mit Ihren Geschwistern haben. Auch wenn andere Menschen Sie nur schemenhaft an eigene Geschwister erinnern, so werden Sie unbewusst die altbekannten und eingefahrenen Reaktionen zeigen, die Sie dem „Original" gegenüber immer gezeigt haben.

Wir sind uns dieses Zusammenhangs selten bewusst. Und wenn man uns darauf aufmerksam macht, dass wir gerade wieder dabei sind, die vertraute Vergangenheit auf andere zu projizieren, dann wundern wir uns nur, wie blind wir wieder gewesen sind.

Haben Sie das im Umgang mit anderen Menschen auch schon an sich selber beobachtet? Denken Sie ruhig eine Weile darüber nach.

Ich möchte Ihnen von zwei Brüdern erzählen. Sie wuchsen zusammen in derselben Familie auf. Aber wie das häufig bei Brüdern ist – sie unterschieden sich doch in vielerlei Hinsicht. Sie suchten sich ganz verschiedene Berufe aus, und beide machten Karriere. Eines Tages jedoch kam es zur Krise. Der jüngere Bruder erntete viel Lob und Anerkennung an seinem Arbeitsplatz. Das passte dem Älteren gar nicht, denn er erlebte das Gegenteil. Man schätzte seine Arbeit offenkundig nicht. Ob diese Konstellation eine ganz neue Erfahrung für die beiden war? Oder wiederholte sich nur ein wohl bekanntes Muster? In jedem Fall war dies ein Wendepunkt im Leben der Brüder.

Der Ältere nahm sich die Situation sehr zu Herzen. Und so nisteten sich Groll und Eifersucht in seiner Seele ein. Geschwisterrivalitäten entstehen in fast allen Familien. In unserem Fall eskalierte die Situation. Die Grenzen des Normalen wurden überschritten. Als die beiden eines Tages allein unterwegs waren, tötete der ältere Bruder den jüngeren. Die beiden hießen Kain und Abel, und es waren die ersten Geschwister, die in der Bibel erwähnt werden. Ihre Beziehung endete damit, dass einer durch die Hand des anderen starb. Kain glaubte, auf normalem Wege seinem Bruder nicht ebenbürtig werden zu können. Und so versuchte er es auf andere Weise.

Geschwisterbeziehungen sind schon immer auch idealisiert worden. Sie dienen als Bild für die edelsten zwischenmenschlichen Beziehungen. „Er steht mir näher als ein Bruder." – „Sie ist wie eine Schwester zu mir." Bei solchen Aussagen gehen wir davon aus, dass Geschwisterbeziehungen grundsätzlich erhaben und edel sind. „Alle Menschen werden Brüder", singen wir und meinen damit die Liebe und Treue zwischen den Menschen, die entsteht, wenn sie sich respektieren, gerecht miteinander umgehen und in friedlicher Nachbarschaft leben.

Es gibt tatsächlich Menschen, die das Glück haben, in einer heilen Geschwisterbeziehung zu leben, die all die genannten Begriffe in sich vereint. Andere dagegen müssen ein Leben lang mit Konflikten leben, auch wenn diese nicht die Intensität jenes Zerwürfnisses zwischen Kain und Abel erreichen.

Immer wieder habe ich Klienten gehabt, die etwa folgende Aussage machten: „Jetzt, wo ich erwachsen bin, dachte ich, aus dem Gröbsten heraus zu sein. Ich glaubte doch tatsächlich, die Konflikte mit meinen Geschwistern nun hinter mir gelassen zu haben. Aber inzwischen wäre es mir am liebsten, wenn ich mit meinen Angehörigen, die mir nur noch auf die Nerven gehen, so wenig wie möglich zu tun hätte. Ich wäre sogar froh, wenn ich einige von ihnen überhaupt nicht mehr wieder sehen würde – oder höchstens einmal im Jahr!"

Wie man Geschwisterkonflikte löst

Wie sieht es bei Ihnen aus? Haben Sie auch solche frustrierenden Erfahrungen gemacht? Als Erwachsener können Sie natürlich Familienmitgliedern aus dem Weg gehen, deren Nase Ihnen nicht passt. Aber Sie müssen dafür einen Preis bezahlen – vor allem, wenn es sich dabei um die eigenen Geschwister handelt. Deshalb sind Sie gut beraten, wenn Sie zuerst die Kosten überschlagen, bevor Sie sich entscheiden, einen Konflikt ungelöst schwelen zu lassen.

Wenn Sie das tun, werden Sie bei jedem unvermeidlichen Kontakt in Spannung geraten, und der alte Groll wird wieder aufflammen. Außerdem werden Sie die anderen Familienmitglieder mit Ihrem Grimm anstecken, und der Konflikt spitzt sich noch zu.

Ungelöste Konflikte werden Sie auf Jahre daran hindern, spannungsfrei und ausgelassen an Familienfesten teilzunehmen. Andere warten schon immer mit großer Vorfreude darauf, wieder mit allen Lieben zusammenzutreffen, und es macht ihnen einen Riesenspaß, diese wenigen Gelegenheiten mit Eifer und Elan vorzubereiten. Doch sollten Sie mit jemandem in der Familie im Zwist leben, wird sich diese Vorfreude kaum einstellen wollen. Je näher der Termin rückt, desto angespannter sind Sie. Und wenn es dann so weit ist, versuchen Sie, das Ganze mit einem aufgesetzten Lächeln hinter sich zu bringen, während es in Ihrem Innern rumort. Ist Ihr Unwille, auf den anderen zuzugehen, diesen Preis wirklich wert?

Ein weiterer „Kostenfaktor" für ungelöste Konflikte sind die Schuldgefühle. Viele Menschen fühlen sich mit Schuld beladen, weil sie es versäumt haben, Konflikte mit Geschwistern zu bereinigen, bis diese unerwartet starben. Immer wieder ist es vorgekommen, dass Klienten zu mir sagten: „Hätte ich eine Woche gezögert, wäre es schon zu spät gewesen." Ein anderer erzählte: „Ich bin froh, dass ich die Beziehung zu meinem jüngeren Bruder bereinigt habe. Ich war zwar schockiert und todtraurig, als er bei einem Verkehrsunfall ums Leben kam. Aber ich wusste, dass nichts mehr zwischen uns gestanden hat. Und so bin ich frei von allen Gewissensbissen." Könnten Sie das in einer ähnlichen Lage auch von sich behaupten?

Eine weitere Belastung, die sich einstellt, wenn man Beziehungsprobleme ignoriert – vor allem zwischen Geschwistern –, ist der negative Einfluss auf die eigenen Kinder. Wer bestimmte Familienmitglieder von Kontakten ausschließt, beraubt seine eigenen Kinder, weil ihnen die Möglichkeit genommen wird, unverkrampft mit Onkel oder Tante, vor allem aber mit Cousin und Cousine Umgang zu pflegen.

Ungelöste Familienkonflikte bewirken darüber hinaus Überreaktionen und sich selbst erfüllende Prophezeiungen. Man wird dem Bruder oder der Schwester gegenüber hypersensibel reagieren und dabei jede Äußerung auf die Goldwaage legen. Schließlich ist man dann jedem gegenüber voreingenommen, der auch nur eine gewisse Ähnlichkeiten mit dem Bruder oder der Schwester hat. Und dann bekommt derjenige aus heiterem Himmel eine Dusche ab, der es überhaupt nicht erwartet und auch nicht verdient hat.

Ungelöste Geschwisterkonflikte sind eine emotionale Last, unter der man – vielleicht ohne es zu merken – ständig leidet. Der Bruder und die Schwester bleiben ein Teil Ihres Lebens. Dagegen können Sie gar nichts machen. Darüber hinaus tragen Sie ständig das Idealbild einer heilen Beziehung zu ihnen in sich. Und diese Spannung zwischen Realität und Ideal müssen Sie ertragen. Das aber wird auf Dauer zu einer schweren Last – es sei denn, Sie lösen die Konflikte mit Ihren Geschwistern.

Geister aus dem Kinderzimmer

Zwei Elemente sind es, die Ihre emotionale Verbundenheit mit den Geschwistern bestimmen: Alter und Geschlecht. Man spricht in der Soziologie von der *Zugänglichkeit*. Geschwister mit großer Zugänglichkeit sind ähnlich alt und gleichen Geschlechts. Sie verbringen viel Zeit miteinander, machen ähnliche Erfahrungen und teilen sich auch oft den Freundeskreis. Geringe Zugänglichkeit liegt bei einem großen Altersunterschied vor und wenn die Geschwister verschiedenen Geschlechts sind. Der Altersunterschied kann immerhin so groß sein, dass fast eine ganze Generation dazwischenliegt. Dann führt jeder sein eigenes Leben. Meine Halbschwester ist 25 Jahre jünger als ich. Deshalb habe ich sie auch kaum als nahe Verwandte empfunden, sondern immer eher als Freundin der Familie.

Je größer die Zugänglichkeit, desto größer die emotionale Bindung zwischen den Geschwistern. Gleichzeitig steigt die gegenseitige Einflussnahme und die Wahrscheinlichkeit, dass Trennungserlebnisse als traumatisch empfunden werden.

Immer wieder sind mir Menschen begegnet, die sich einen Partner mit großer Ähnlichkeit zum Bruder oder zur Schwester wählten. Sie kennen wahrscheinlich den Satz: „Die hat ja ihren Vater geheiratet." Man kann aber genauso den „Bruder" oder die „Schwester" heiraten. Das geschieht gerade meist dann, wenn in der Beziehung zum „Original" irgendetwas ungeklärt geblieben ist. Man heiratet „Bruder" oder „Schwester" auch dann, wenn man sich dadurch auf irgendeine Weise die Geborgenheit des Elternhauses bewahren kann.

Manche holen sich ihre Geschwister zurück, indem sie sich ähnliche Freunde suchen. Sind sie auf die eine oder andere Weise von Bruder oder Schwester enttäuscht worden, ohne an ihnen etwas ändern zu können, versuchen sie, sich durch einen Freund oder eine Freundin gewissermaßen einen idealeren Ersatz zu schaffen. Das Problem ist nur, dass sie ihre typischen Verhaltensweisen wieder mit in diese Beziehung nehmen. Statt etwas Neues zu schaffen, reproduzieren sie nur den alten Zustand. Man spricht dann vom Zwang zur Wiederholung.

Einmal eingefahrene Pfade verlässt man nicht mehr so schnell. Selbst wenn Sie selber heiraten, verliert das Verhältnis zu den Geschwistern noch lange nicht an Bedeutung. Unter den eigenen Kindern spielen sich längst vergangene Szenen ganz neu vor Ihren Augen ab. So, wie Sie mit Bruder und Schwester umgegangen sind, so gehen nun auch Ihre Kinder miteinander um.

Mancher bekommt dadurch das Gefühl, von den Kindern die eigene Familiengeschichte wieder vorgespielt zu bekommen. Dabei ist man jedoch nicht der distanzierte und unberührte Beobachter. Nein, Sie sind höchst emotional angesprochen. Dann sagen Sie vielleicht: „Mein Sohn ist ganz der Papa und klein Jens wie mein Bruder. Und wenn ich meine Tochter sehe, dann merke ich, dass sie genauso viel Zuwendung braucht wie meine Schwester damals."

Immer wieder versucht man in der Filmkunst, durch ein Remake ein längst vergessenes Erfolgsstück wieder auf die Leinwand zu bringen. Genauso ist das, wenn Sie sich an Ihre Kindheit erinnern, während Sie Ihre Kinder aufwachsen sehen.

Die Rückbesinnung auf die Vergangenheit kann positive und

negative Folgen haben. Sollten Sie von einem Bruder schlecht behandelt worden sein und einer Ihrer Söhne erinnert Sie beständig an ihn, wie werden Sie ihm dann wohl gegenübertreten?

Die Erinnerungen daran, wie Sie mit Ihren Geschwistern umgegangen sind, helfen Ihnen, so manche Ihrer heutigen Verhaltensweisen zu erklären. Was sich zwischen Ihnen und Ihren Geschwistern zugetragen hat, kann sich bei den eigenen Kindern wiederholen. Neigen Sie beispielsweise dazu, ein Kind besonders zu verhätscheln, dann sollten Sie einmal Ihre eigene Geschwisterbeziehung unter die Lupe nehmen. Erkennen Sie bei sich die Tendenz, ein Kind dem anderen vorzuziehen, dann fragen Sie sich, wie das bei Ihnen und Ihren Geschwistern war. Sind Sie öfters abweisend und distanziert? Gab es dann vielleicht Parallelen in Ihrer Kindheit?

Man spricht von „Geistern aus dem Kinderzimmer", damit meint man die frühen Erfahrungen mit Geschwistern, die – lange verborgen – plötzlich wieder in der eigenen Familie auftauchen und ihr Unwesen treiben.

Diese Geister bleiben aber nicht etwa im Kinderzimmer. O nein! Wir schleppen sie überall mit hin, selbst an unseren Arbeitsplatz. Gerade im Kollegenkreis findet man so manche familiäre Struktur wieder. Haben Sie vielleicht auch eine Kollegin, die Sie an die Mutter oder an die Schwester erinnert? Verhält sich diese Person Ihnen gegenüber auf altbekannte Weise?

Gesunde und ungesunde Geschwisterbeziehung

Geschwister können sich im Leben gegenseitig viel geben. So bringen sie sich z.B. gegenseitig wichtige soziale Fertigkeiten bei. In einem gesunden Familiensystem lernen sie aneinander, wie man mit anderen Menschen zurechtkommt, sich durchsetzt, kommuniziert und mit Menschen umgeht, die völlig anders sind als man selber. Sie lernen, wie weit man gehen kann und was einem andere durchgehen lassen. All das ist eine ausgezeichnete Vorbereitung auf das Leben.

Wenn allerdings die Atmosphäre belastet ist, gibt es Probleme. So könnten die Eltern z.B. ihre Kinder ungleich behandeln. Das aber bedeutet, dass die Geschwisterbeziehung aus dem Gleichgewicht gerät. Ein vernachlässigtes Kind neigt dazu, sich die fehlende Aufmerksamkeit mit Gewalt zu holen. Das bevorzugte Kind wird dagegen die Nase hoch tragen und seine Geschwister die bevorzugte Position spüren lassen. Und schon ist dafür gesorgt, dass sich eine ausgeprägte Geschwisterrivalität entwickelt.

Geschwister in einer gesunden Familie sind die beste Selbsthilfegruppe. In einem harmonischen Familiensystem haben Kinder genug Freiraum, in dem sie ohne Einmischung der Erwachsenen Gemeinschaft haben können. In diesem Fall haben Geschwister untereinander immer auch ihre kleinen Geheimnisse, von denen die Eltern nichts erfahren. Das schafft Solidarität gegen die Welt draußen. Kommen Geschwister gut miteinander aus, identifizieren sie sich auch mit dem Erfolg des anderen, und sie ergänzen sich mit ihren Fertigkeiten, wodurch sie eher als Team denn als Einzelkämpfer auftreten.

Durch diese Erfahrungen fällt es den jungen Menschen später leichter, sich im gesellschaftlichen Leben zurechtzufinden. Ist jedoch das Familiensystem krank, kommt es zu keiner Solidarisierung zwischen den Geschwistern. Gegnerschaft und Konkurrenzneid ersetzen das Miteinander. Und es wird sich später negativ auswirken, dass die Betroffenen nicht genügend soziale Fertigkeiten erlernen konnten.

Kinder in einer gesunden Familie wachsen in dem Mikrokosmos einer Gesellschaft von Gleichberechtigten auf. Sie lernen, sich in einem Gefüge jüngerer und älterer Menschen zu arrangieren. Die älteren Geschwister werden sich natürlicherweise den jüngeren überlegen fühlen, aber sie werden sich nicht als deren Herrn aufspielen. Die jüngeren Geschwister begreifen ihre Position und nutzen sie, ein Vorbild in den älteren Brüdern und Schwestern zu finden.

Das hat Vorteile.

Ohne das sich nach und nach entwickelnde Vorbild älterer Geschwister, die ja meist auch noch Kinder oder Jugendliche sind, müssen sich Kinder ohne Geschwister gleich an den Erwachsenen orientieren. Sie versuchen, es ihnen gleichzutun, und erwarten die entsprechenden Erfolge. Doch da das nicht gelingen kann, leidet ihre Identität und ihr Selbstwertgefühl.

In einer gesunden Familie herrscht eine fürs Wachstum und die persönliche Entfaltung günstige Atmosphäre. Und durch das gemeinsame Spiel der Geschwister werden Fähigkeiten gefördert, die Fantasie beflügelt und kreativ ganz neue Spiele erfunden.

Wenn Kinder dagegen auf Erwachsene angewiesen sind, besteht allerdings die Gefahr, dass der Erwachsene die Maßstäbe setzt und dem Kind aufzwingt. Es wird dann nicht mehr fantasievoll gespielt, sondern – typisch für Erwachsene – eher leistungsorientiert.

Schließlich helfen Geschwister in einer gesunden Atmosphäre einander, sich selbst und die Familie als Ganze realistisch wahrzunehmen und einzuschätzen. Jedes Kind sieht durch seine etwas unterschiedliche Sozialisation aus einem anderen Blickwinkel. Aber der Gedankenaustausch darüber hilft ja gerade, Dinge realistisch und möglichst unvoreingenommen zu betrachten.

Besteht allerdings eine starke Rivalität zwischen den Geschwistern, kommt es zu keinem Gedankenaustausch über die verschiedenen Sichtweisen. Die Betroffenen lernen es dann nicht, sich durch andere in Frage stellen zu lassen, und sie werden leicht Einzelgänger mit sturen Ansichten.

Nehmen oder Geben

Bei der Erörterung von Geschwisterbeziehungen dürfen wir einen Faktor nicht vergessen. Das Geben und Nehmen kann sehr unterschiedlich verteilt sein. Es gibt Beziehungen, in denen einer den anderen immer nur ausnutzt – ihn sozusagen emotional und geistlich leer saugt. Der eine zapft die Energiereserven des anderen an und lebt davon. Drunter leidet die Beziehung sehr.

Werden Sie auf diese Weise „angezapft", dann haben Sie oft nicht genug Energie, um Ihre eigenen Probleme zu lösen. Sie sind wie ein Auto, an dessen Batterie jemand anders mit angeschlossen ist. Und wenn Sie dann selber starten wollen, ist nicht mehr genug „Saft" da!

Wie viel angenehmer ist es da, mit Geschwistern zu leben, die nicht nur immer nehmen, sondern auch geben. In Gegenwart solcher Menschen fühlen Sie sich wie auf einer Raststätte. Sie können auftanken, wenn es nötig ist. Und Ihr Leben profitiert davon. Sie werden solche positiven Menschen dann anziehen und in Ihrer Nähe halten können, wenn Sie selber jemand sind, der sich verschenkt.

Wie war das bei Ihren eigenen Geschwistern? Im Laufe der Jahre gerät doch vieles in Vergessenheit. Deshalb ist es wichtig, sich bestimmte Erinnerungen immer wieder zu vergegenwärtigen. Zu diesem Zweck haben wir ein paar Fragen zusammengestellt, die Sie erst einmal für sich beantworten sollten. Vielleicht können Sie sie aber auch Ihren Geschwistern vorlegen, um hinterher darüber zu diskutieren. Das hängt natürlich vom Verhältnis zu Bruder und Schwester ab.

1. *Welche positiven Eigenschaften hatte Ihr Bruder/Ihre Schwester als Kind? Was ist daraus heute geworden?*
2. *Welche negativen Eigenschaften hatte Ihr Bruder/Ihre Schwester als Kind? Was ist daraus heute geworden?*
3. *Welches Verhältnis hatten/haben Sie zu Ihrem Bruder/Ihrer Schwester – als Kind – in der Pubertät – als Erwachsener?*
4. *Bestand ein Vertrauensverhältnis zwischen Ihnen und Ihrem Bruder/Ihrer Schwester? Wie äußerte sich das?*
5. *Welches war das schönste Erlebnis, das Sie mit Ihrem Bruder/ Ihrer Schwester hatten?*
6. *Welches war das unerfreulichste Erlebnis, das Sie mit Ihrem Bruder/Ihrer Schwester hatten?*
7. *In welcher Beziehung haben Sie Ähnlichkeit mit Ihrem Bruder/Ihrer Schwester?*

8. *In welcher Beziehung unterscheiden Sie sich von Ihrem Bruder/Ihrer Schwester?*
9. *Auf welche Weise hat der Bruder/die Schwester Ihr Leben mit geprägt?*

Über unsere Geschwisterbeziehungen nachdenken

Es kann spannend werden, wenn man sich einmal eingehender mit den Beziehungen zu seinen Geschwistern beschäftigt. Denken wir nur, wie abenteuerlich sich die verschiedenen Geschwisterbeziehungen in der Bibel gestaltet haben – Jakob und Esau, die Brüder im Gleichnis vom verlorenen Sohn, Mose und Aaron, Josef und seine Brüder. Vielleicht finden Sie eigene Erfahrungen in der einen oder anderen Geschichte wieder.

Machen Sie sich noch einmal bewusst, dass Geschwisterbeziehungen nicht mit dem Eintritt ins Erwachsenenalter enden. Sie bleiben ein Leben lang bestehen – mal intensiver, mal weniger intensiv.

* *Die Reihenfolge, in der Sie und Ihre Geschwister geboren wurden, ist noch heute in Ihrem Leben von Bedeutung.*
* *Die Rollen, die Sie früher als Kind in Ihrer Familie gespielt haben, sind möglicherweise dieselben, die Sie heute noch spielen. Sind Sie sich dessen überhaupt bewusst?*
* *Vielleicht sind sie nicht mehr so an der Oberfläche sichtbar, aber es könnte doch sein, dass sie noch immer Ihr Selbstbild prägen.*
* *Der Zank und Streit aus Kindertagen mag vorüber sein. Aber bricht die alte Feindschaft nicht doch hin und wieder ganz plötzlich hervor?*
* *Ihre früheren Geschwisterrivalitäten können noch heute Teil Ihres Lebens sein. Sind Sie sich dessen im konkreten Fall bewusst?*

Für die meisten Erwachsenen bestehen Geschwisterbeziehungen aus einer Mischung sehr unterschiedlicher Erfahrungen. Ist das nicht aber ein großartiger Schatz, der uns hilft, uns selber und andere Menschen besser zu verstehen!

Geschwister zu haben – was kann das nicht alles für unser Leben bedeuten – Freude, Unbeschwertheit, Rückendeckung, Trost, Wut, Kurskorrektur und Kummer; Gemeinschaft oder Einsamkeit; den warmherzigsten Freund zu haben oder den unerbittlichsten Feind.

2. Ihr Platz in der Familie

Ich heiße Tim und bin der Älteste von vier Kindern. Ich bin der typische Erstgeborene, also verantwortungsbewusst. Warum sollte ich das auch nicht sein! Man hat es von Anfang an von mir erwartet. Ich bin leistungsorientiert. Wie könnte es anders sein? Auch das wurde wie selbstverständlich von mir erwartet. Ich bin der Hüter und Aufpasser meiner jüngeren Geschwister – und das sollte eigentlich niemanden verwundern. Ja, auch das hat man von mir erwartet.

Als ich geboren wurde, war noch niemand da, mit dem ich mich hätte zanken können. Als mein Bruder seine ersten Schritte wagte und seine ersten Silben lallte, stießen meine Eltern noch ein freundliches „Ach, wie niedlich" hervor. Doch als *ich* in die Welt hinaus zu stolpern begann, wusste gleich jeder in der Nachbarschaft Bescheid, und alle in der Gemeinde wurden mit dieser Nachricht beglückt – ob sie es hören wollten oder nicht. Meine Eltern redeten viel mehr auf mich ein, spielten öfter mit mir und beantworteten mit Eifer und Interesse alle meine Fragen. Warum auch nicht? Im Gegensatz zu den anderen drei hatte ich ja keine Konkurrenz.

Für drei lange Jahre besaß ich einen Exklusivvertrag mit Mutti und Papa, bevor er aufgekündigt und meine Schwester mit eingesetzt wurde. Während dieser Zeit war mir jede Zuwendung der Eltern gewiss, und sie forderten mich intellektuell heraus, wo es nur ging. Am liebsten hätten sie mich wohl schon mit drei zur Schule geschickt.

Und ich spielte mit. Ich lernte schnell, was sie von mir erwarteten. Ich genoss die Aufmerksamkeit und strengte mich an, sie auch zu behalten. Ich lernte früh sprechen, weil man ja dauernd mit mir plapperte. Mutti und Papa waren meine Vorbilder. Ich musste also so früh wie möglich lernen, mich wie ein Erwachsener zu benehmen.

Manchmal frage ich mich, ob nicht aus mir ein Streber geworden ist. Ich neige tatsächlich dazu, mich wie ein Workaholic zu gebärden. Aber ich habe auch gehört, dass das gar nicht untypisch für einen Erstgeborenen ist. Ich übernehme gern Verantwortung, aber es fiel mir auch unsäglich schwer zu lernen, meine Eltern mit meinen drei Geschwister zu teilen.

Der/Die Erstgeborene

Wenn Sie der oder die Erstgeborene in Ihrer Familie sind, wird Ihnen der obige Text überraschend bekannt vorkommen. Und sollten Sie der Zweite, Dritte oder Vierte sein, dann wird Tim Sie an Ihren großen Bruder oder an die große Schwester erinnern. Trotz vieler individueller Unterschiede gibt es immer ganz bestimmte Merkmale für jede Position in der geschwisterlichen Rangordnung. Und diese Position bestimmte nicht nur, wie sich Ihre Eltern Ihnen gegenüber verhalten haben, sondern auch, wie viel Zeit die beiden für Sie erübrigen konnten – d.h. wie viel Aufmerksamkeit Sie bekamen. Das wiederum wirkte sich darauf aus, wie *Sie* mit anderen umgingen – ob Sie offen waren, manipulierten, herrschten, kooperierten, stritten, forderten, halfen oder anderen zur Seite standen. Und da Sie diese Verhaltensweisen damals einübten, werden Sie mit einiger Wahrscheinlichkeit in Familie und Kollegenkreis heute noch genauso sein.

Der Erstgeborene erwartet, immer sofort in die Pflicht genommen zu werden. Werden die nachfolgenden Geschwister geboren, lehrt den Erstgeborenen die tägliche Erfahrung, dass er mehr kann und damit überlegen ist. Es entwickelt sich das Bewusstsein, dass die Nachgeborenen niemals die eigene Leistungsfähigkeit erreichen werden.

Der oder die Älteste ist meist mit sich selbst zufrieden. Und dieses Gefühl der Überlegenheit setzt sich meist ein ganzes Leben lang fort. Eltern sehen in ihm den Bewahrer familiärer Traditionen.

Die erwachsenen Erstgeborenen sehen sich stets als diejenigen, die es um Rat zu fragen gilt. Sie fühlen sich als natürliche Autoritätspersonen mit Ratgeberfunktion – ob gefragt oder nicht.

Das kann allerdings auch zu Problemen führen. Die Erstgeborenen neigen zu Pedanterie und Besserwisserei. Und so kann ihr Perfektionismus intolerantes Verhalten nach sich ziehen.

Erstgeborene sind meist konservativer im Gegensatz zu den weiteren Geschwistern, die dafür kreativer und eher zum Risiko bereit sind. Die Ältesten sind meist verlässlicher und führen auch durch, was sie sich einmal vorgenommen haben. Das Resultat aber ist, dass ihnen die Eltern oft zu viel Verantwortung aufbürden – weil sie sich ja so auf sie verlassen können.

Auf dem Präsentierteller

Ein weiterer Druck, der auf den Erstgeborenen lastet, ist die Erwartungshaltung der Eltern, mit ihrem Ältesten überall repräsentieren zu können. Angehörige und Freunde beobachten gerade die Erstgeborenen in einer Familie besonders aufmerksam, um dann auf deren Zustand zu schließen. Deshalb werden auch die Ältesten oft das Gefühl nicht los, ständig auf dem Präsentierteller zu sitzen.

Das hat negative Folgen, wenn der Betroffene sich von dieser äußeren Wertschätzung abhängig macht und nur noch dort Selbstbestätigung sucht. Häufig verstärken Großeltern das Problem noch, indem sie ihren Liebling vergöttern und verwöhnen. Kein anderes Kind im Familiensystem steht so unter Leistungsdruck wie das erstgeborene.

Es soll hier allerdings nicht der Eindruck entstehen, dass alle Erstgeborenen diesem Leistungsdruck nachgeben. Es kann auch das Gegenteil eintreten. Wenn nämlich der Druck zu stark wird, entsteht Überforderung. Und die Folge sind Frustrationen, so dass der Betreffende eines Tages aufgibt.

Kein anderes Kind im Familiensystem steht so unter Leistungsdruck wie das erstgeborene

Die Zweiten und Dritten in der geschwisterlichen Rangfolge sagen schon mal ironisch „Papi" oder „Mutti" zu ihrem großen Bruder oder zur großen Schwester. Schon seit Jahrtausenden ist der „Stammhalter" der ganze Stolz der Eltern. Und die Ersten profitieren noch am meisten vom jugendlichen Elan und der hohen Belastbarkeit von Mutter und Vater. Außerdem sind die Ältesten in der bevorzugten Lage, vieles neu Erworbene zuallererst in Gebrauch nehmen zu können: Kleidung, Buggy, Kindersitz im Auto, Gitterbett und Dreirad. Den Letzten beißen dagegen meistens die Hunde: Er muss sich mit „secondhand" aus der Geschwisterreihe begnügen.

Verantwortungsbewusst und missgünstig

In der Geschichte vom verlorenen Sohn (Lukas 15) bekommen wir einen typischen Geschwisterkonflikt beschrieben. Als der ältere Bruder hört, dass der jüngere heimgekehrt ist und der Vater deswegen ein Fest feiert, reagiert er so:

Der ältere Sohn wurde zornig und wollte nicht ins Haus gehen. Da kam der Vater heraus und redete ihm gut zu. Aber der Sohn sagte zu ihm: ‚Du weißt doch: All die Jahre habe ich wie ein Sklave für dich geschuftet, nie war ich dir ungehorsam. Was habe ich dafür bekommen? Mir hast du nie auch nur einen Ziegenbock gegeben, damit ich mit meinen Freunden feiern konnte. Aber der da, dein Sohn, hat dein Geld mit Huren durchgebracht; und jetzt kommt er nach Hause, da schlachtest du gleich das Mastkalb für ihn' (Lukas 15,28-30/Gute Nachricht).

Wir haben es hier mit einem selbstgerechten jungen Mann zu tun, der mit verbissenem Eifer versucht, seinem Vater zu gefallen und damit sein Selbstwertgefühl zu stärken. Er war in diesem Denkschema gefangen, und so bekam er gar nicht mit, dass der Vater eigentlich nur seinem liebenden Herz gehorchte. Sein Stolz machte ihn zum Richter. Und in seinem Grimm stellte er Regeln auf, denen er wahrscheinlich kaum selbst genügt. Es war ihm ein Ärgernis, dass sein Bruder heimgekehrt war, und er war wohl auch froh gewesen, als dieser damals das Vaterhaus verlassen hatte. Auf diese Weise war er nämlich die Konkurrenz seines Bruders los. Und er hatte wohl gehofft, nie wieder die Eltern mit seinem Bruder teilen zu müssen. Aber da hatte er sich geirrt. Der Bruder hatte seinen Platz im Herzen des Vaters niemals verloren, obgleich er in einem fernen Land weilte.

Durch den weiteren Verlauf der Geschichte verlieren wir den älteren Bruder und sein Schicksal ein wenig aus den Augen, und die Beziehung zwischen dem Vater und dem jüngeren Sohn rückt in den Mittelpunkt des Geschehens. Der Jüngere kehrt heim, nachdem er sein ganzes Erbe verprasst hat, wobei es sich bestimmt nicht um eine kleine Summe gehandelt haben kann. Aber auch wenn es der Sohn überhaupt nicht verdient hat, so überhäuft ihn der Vater mit guten Dingen: Er holt neue Kleider und Schmuck herbei und schlachtet das beste Kalb für ein großes Festmahl.

Wir hören nichts über Strafe, Vorhaltungen, beschränkte Befugnisse und die Erwartung, sich das Vertrauen wieder erarbeiten zu müssen. Man fing sogar schon zu feiern an, bevor noch der Ältere zu Hause angekommen war. Von ferne hörte er die Musik. Offenbar wurde getanzt. Außerdem duftete es nach Gebratenem. Wahrscheinlich wunderte er sich sehr. Er fühlte sich übergangen und herabgesetzt. Er war doch immer der treue Sohn gewesen, der fleißig seine Pflicht tat. Warum wurde das nicht anerkannt? Es gibt viele Menschen, die ähnliche Erfahrungen gemacht haben.

Versuchskaninchen und Zirkuspferd

Der ältere Bruder im Gleichnis war natürlich nicht ganz zu Unrecht erbost. Zwar bekommen die Erstgeborenen alle Aufmerksamkeit der Eltern, aber es ist die Aufmerksamkeit unerfahrener Amateure. Sicher, die Erstgeborenen haben das Vorrecht, eine Zeit lang die Eltern ganz für sich zu haben, aber sie müssen auch gleichzeitig mit dem Handikap leben, als Versuchskaninchen zu dienen.

An ihnen probieren die Eltern ihre Erziehungsmethoden aus. Von der ältesten Tochter wird außerdem erwartet, dass sie Mutters rechte Hand ist und als Babysitter, Köchin und Putzfrau ihren Dienst tut. Es ist sicher kein Wunder, dass älteste Töchter in großen Familien später oft keine Lust mehr haben, eigene Kinder großzuziehen. Sie haben das Gefühl, ihre Erziehungsaufgabe längst erfüllt zu haben. Erstgeborene können schon in jungen Jahren durch die hohen Erwartungen ihrer Eltern erheblich unter Stress stehen. Sie können sich kaum einmal aus der Verantwortung stehlen.

Warum bürden viele Eltern ihrem ältesten Kind fast alle Verantwortung auf? Liegt es daran, dass es eben der oder die Älteste ist? Oder sind es die besonderen Charaktereigenschaften des Erstgeborenen?

Ein verantwortungsbewusster Mensch ist jemand, dem das Wohl anderer am Herzen liegt und der sich deshalb für ihn einsetzt. Verantwortungsbewusste Menschen sind im Allgemeinen die besonders Gewissenhaften, Anpassungsfähigen und Kompetenten. Dies aber sind gerade die Eigenschaften, die man bei den Erstgeborenen auffällig häufig vorfindet.

Die Erstgeborenen kommen am Ende unweigerlich zu der Überzeugung, dass Leistung höher bewertet wird als Beziehungsfähigkeit. Irgendwann lässt sich der aufkeimende Groll nicht mehr unterdrücken – nicht wegen der aufgebürdeten Pflichten, sondern weil man mit dem Gefühl lebt: „Immer ich!" Und wer ständig gefordert wird, verlernt es irgendwann, selber um Hilfe zu bitten und sich auf andere zu stützen. Man ist es schließlich gewohnt, selbständig zu handeln und mit den Forderungen aller anderen zu leben.

Die Erstgeborenen müssen es auch lernen, mit folgenden Aussagen zu leben: „Du bist doch älter. Du solltest es besser wissen!" – „Du musst mit gutem Beispiel vorangehen." – „Von dir hätten wir aber mehr erwartet!"

Das verlorene Paradies

Nach ein paar unbeschwerten Lebensmonaten oder -jahren bricht für Erstgeborene ganz plötzlich die Welt zusammen. Neun Monate lang zeichnen sich bereits düstere Wolken am Horizont ab. Jede Entthronung ist ein schmerzlicher Prozess. So feinfühlig die Eltern auch damit umgehen – es bleibt ein Verlusterlebnis für die meisten Kinder.

Das Ganze wird allerdings weniger traumatisch erlebt, wenn die Eltern darauf achten, dass die Ältesten jetzt emotional nicht zu kurz kommen und die Eifersucht nicht ausufert. Man muss den Erstgeborenen nur deutlich zu verstehen geben, dass sie fortan nicht weniger geliebt werden.

Auf einem Seminar über Lebenskrisen und Verluste bat ich die Teilnehmer, einmal darüber nachzudenken, welches der erste große Verlust in ihrem Leben gewesen sei. Eine etwa 50-jährige Frau meldete sich und sagte: *Mein erstes großes Verlusterlebnis war die Geburt meiner Schwester. Ich wurde damals vom Thron gestoßen.* Neben ihr saß eben diese Schwester und lächelte.

Es kommt gar nicht so selten vor, dass Erstgeborene in dieser Situation mit Regressionen reagieren, indem sie unbewusst in längst überwunden geglaubte kindliche Verhaltensweisen zurückfallen. Auf diese Weise versucht der Betreffende, die verlorene Aufmerksamkeit wiederzugewinnen.

Waren Sie nicht der oder die Erstgeborene, dann hat Sie wahrscheinlich der Bruder oder die Schwester bei Ihrer Geburt als Eindringling empfunden. Es kann durchaus von Vorteil sein, als Zweiter oder Dritter geboren zu werden. Man ist Nutznießer des Erfahrungszuwachses seiner inzwischen viel entspannteren Eltern, und auch der Erwartungsdruck von ihnen ist längst nicht mehr so hoch. Sie sind jetzt duldsamer und tolerieren inzwischen so manchen Fehltritt. Und weil sie von vornherein weniger erwarten, können sie sich viel entspannter an den positiven Eigenschaften ihres Kindes erfreuen.

„Kleider auftragen" – das ist ein Begriff, mit dem wohl viele zweite und spätere Geschwister unangenehme Erinnerungen verbinden. Auch ich habe diese Reaktionen darauf kennen gelernt. Da war z.B. der nur wenig jüngere Bruder, der stinksauer war, weil er immer nur die Klamotten des älteren auftragen musste. Ich kenne allerdings auch zwei Brüder mit einem Altersunterschied von neun Jahren, bei denen das Auftragen kein Problem zu sein scheint. Der jüngere verehrt seinen großen Bruder so, dass er es als Auszeichnung empfindet, wenn für ihn etwas Getragenes abfällt.

Was sind das für Menschen, diese Zweiten, Dritten und Vierten in der Rangfolge der Geschwister? Sind sie lediglich der Abklatsch der Erstgeborenen? Oder sind sie vielleicht sogar das ganze Gegenteil? Beides kann zutreffen, aber in den meisten Fällen sind sie der Gegenpart zum ältesten Bruder oder zur ältesten Schwester. Sie entwickeln Charaktereigenschaften, die dem Ältesten fehlen. Und die Rückendeckung der Eltern ist ihnen lange nicht so wichtig. Sie haben weniger Angst, ihre Stellung zu verspielen, und sind deshalb experimentierfreudiger.

Oft probieren sie mehrere Rollen aus, bevor sie die gefunden haben, die ihnen am meisten zusagt. Sind sie ein Sandwich-Kind und gleichzeitig das Älteste ihres Geschlechts, nehmen sie in vielen Fällen sowohl die Merkmale des Erstgeborenen als auch die Merkmale des Zweiten an. Als Sandwich-Kind vom gleichen Geschlecht wie der Erstgeborene verhalten sie sich eher wie das Nesthäkchen der Familie.

Zwischen allen Stühlen

Das Sandwich-Kind sitzt gewissermaßen zwischen allen Stühlen. Es weiß, was es heißt, sich (dem Älteren) unterlegen zu fühlen. Gleichzeitig kennt es die Rolle des Überlegenen (dem dritten Kind gegenüber). Es gerät von zwei Seiten unter Druck – wie der Aufschnitt im Sandwich. Der Erstgeborene möchte seinen Thron verteidigen und über alle anderen herrschen, während das dritte Kind den Thron des zweiten in Frage stellt und seinerseits aufsteigen möchte. (Kennen wir nicht alle die Wiederholung dieser Machtspiele später im Berufsleben oder in der Ehe? Was geschieht, wenn der Zweitgeborene eine Erstgeborene oder Drittgeborene heiratet?)

Eine Sandwich-Kind sagte einmal zu mir: „Wissen Sie, wie man sich als Vertriebener oder als Mensch ohne Papiere fühlt? Mir jedenfalls ging es so. Oft wusste ich nicht, wohin ich gehörte. Meine ältere Schwester durfte mehr als ich, und sie konnte alles besser. Mein jüngerer Bruder aber verstand es, alle Aufmerksamkeit auf sich zu ziehen. Auch ich bemühte mich darum, aber aus irgendeinem Grund bekam ich sie nicht. Die anderen beiden aber brauchten fast gar nichts dazu tun. Manchmal fühlte ich mich wie der Belag im Sandwich."

Sandwich-Kinder sind die Vorsicht in Person. Sie können sich oft nicht zu Entscheidungen durchringen. Sie zögern und zaudern. Und dann müssen die lieben Mitmenschen für sie die Entscheidungen treffen. Werden sie unter Druck gesetzt, neigen sie dazu, all ihre Erwägungen über den Haufen zu werfen und kopflos zu reagieren. Die Sandwich-Kinder sind weder so entscheidungsfreudig wie die Erstgeborenen noch so risikobereit wie die Jüngsten in der Geschwisterreihe. Sie hinterfragen zwanghaft jede Entscheidung wieder und wieder. Und am Ende kommt nichts dabei heraus. „Habe ich richtig entschieden? Was ist, wenn es nicht so läuft?"

Die Mittleren sind die typischen Mitläufer, die gern mit dem Strom schwimmen und froh sind, wenn andere für sie entscheiden.

Auf der anderen Seite haben die Sandwich-Kinder ein gutes Gespür dafür, wann es Zeit ist, zu geben und zu nehmen. Ihr Sozialverhalten ist ausgewogener als das der Geschwister. Sie lernen aber auch von ihnen, wie man Menschen gegeneinander ausspielt.

Die Zweiten profitieren aber auch von ihrer Stellung in der Familie. Sie ernten oft die Früchte der Pionierarbeit ihrer älteren Geschwister. So wird manche Fehlentwicklung vermieden. Und wenn der Älteste nach der Schule das Familiensystem verlässt, tritt der oder die Zweite in die Führungsposition und hat nun die Aufsicht über die jüngeren Geschwister.

Die Zweiten treten in eine Familie ein, in der nicht nur die Eltern anwesend sind, sondern bereits andere Kinder (sofern der Altersunterschied nicht allzu groß ist). Diese können Spielkameraden sein oder aber Rivalen. Viele werden ihren Geschwistern deshalb mit gemischten Gefühlen gegenübertreten. Und oft ist das Verhältnis von Hassliebe gekennzeichnet.

Die Zweiten sind in vielen Fällen in der glücklichen Lage, im älteren Bruder oder in der älteren Schwester einen echten Freund und Ratgeber zu finden. Sie können sie imitieren und profitieren von den je nach Situation positiven oder negativen Erfahrungen, die die Älteren bereits im Umgang mit den Eltern gemacht haben. Ist das erste Kind sehr viel älter, gerät das jüngere manchmal in die Situation, sich gleich drei elterlichen Personen gegenübergestellt zu sehen, die weisungsbefugt zu sein scheinen. Das Sandwich-Kind muss jedenfalls damit rechnen, ein Leben lang „Daniels kleiner Bruder" und „Lisas großer Bruder" zu sein.

Das jüngste Kind

Wenn man vom „Jüngsten" spricht, woran denken Sie dann? An *Muttis Liebling*, ans *Nesthäkchen* oder an den *Nachzügler*?

Auch das letzte Kind wird wie die anderen in der Geschwisterreihe mit ganz bestimmten Vorurteilen betrachtet und mit Mythen belegt. In den Märchen und Sagen setzt sich der Nachzügler oft am Ende gegen alle anderen durch. In 20 Prozent der Grimmschen Märchen spielen jeweils drei Geschwister eine Rolle. Aber nur in acht Prozent ist am Ende der Erst- oder Zweitgeborene der eigentliche Gewinner. Während in 52 Prozent der Geschichten der oder die Jüngste zum Schluss im Vorteil ist. Das ist doch eigentlich fair, oder? Der Sieg in den allermeisten dieser Geschichten bedeutet den Triumph über Kleinmut, Selbstsucht oder gar Verrat der älteren Geschwister.

Wie kommt es, dass so viele von Generation zu Generation überlieferte Geschichten gerade das jüngste Kind favorisieren? Die einen sagen, diese Märchen seien sozusagen den Schwächeren gewidmet, damit sie wenigstens in der Fantasie auch einmal die Stärkeren sein können. Andere glauben dagegen, dass diese Geschichten die Realität widerspiegeln, dass die Jüngsten tatsächlich die vom Leben bevorzugten sind. Und das kann in vielen Fällen durchaus so sein.

Es ist aufschlussreich zu beobachten, wie sich in den biblischen Geschichten die jüngeren Geschwister mit den Erstgeborenen auseinandersetzen. Isaak war am Ende besser dran als sein älterer Bruder Ismael. Jakob nahm Esau, seinem älteren Zwillingsbruder, sowohl das Erstgeburtsrecht als auch den väterlichen Segen weg. Rahel gewann Jakobs Liebe, während ihre Schwester Lea niemals seine Lieblingsfrau wurde.

Als sich Jakob statt in Lea in ihre jüngere Schwester Rahel verliebte, beschwor er ein Problem herauf. Laban, ihr Vater, nahm sich dieses Problems an und tauschte kurzerhand Rahel durch Lea aus, indem er die Ältere ins Hochzeitszelt schickte. Die Antwort, die er gab, als man ihn zur Rede stellte, gibt eine uralte und unter den Völkern verbreitete Praxis wieder: „Das tut man an unserm Ort nicht, die Jüngere vor der Erstgeborenen zu geben" (1. Mose

29,26). Was aber war die Folge? Ein jahrelanger Streit zwischen den Frauen um eine erhöhte Produktionsrate von Nachkommen.

Josef, der mehr schlecht als recht ins Leben gestolpert war, war am Ende sehr viel besser dran als seine Brüder. Und nicht Aaron, sondern Mose, der Jüngere, führte die Kinder Israel aus Ägypten.

Die Erstgeborenen erlangen ihre Privilegien aufgrund ihrer Stellung. Alle anderen müssen sie sich erarbeiten.

Es gibt ein paar Besonderheiten bei den Jüngsten, die für alle anderen Geschwister nicht gelten. Sie werden z.B. niemals entthront. Es ist ja nicht zu befürchten, dass ein Konkurrent auftaucht. Sie müssen nicht ständig über die Schulter sehen, um sich zu vergewissern, ob ein Verfolger naht. Außerdem können sie so manchen Entwicklungsschritt der älteren Geschwister auslassen, weil sie sich an deren Erfahrungen orientieren.

Und inzwischen sind auch die Eltern so nachgiebig und entspannt wie nie zuvor. Das trifft besonders dann zu, wenn der Nachzügler der erste Junge bzw. das erste Mädchen in der Geschwisterreihe ist. Die zuletzt Geborenen sind nicht nur Kinder ihrer Eltern, sondern der Liebling der ganzen Familie. So viel Aufmerksamkeit und Zuneigung hat keiner sonst bekommen, und das Verhältnis zu den Eltern wird von niemandem bedroht. Alle wichtigen Figuren befinden sich ja bereits im Spiel.

Mit der Unsicherheit leben

Es gibt allerdings auch die Kehrseite der Medaille. Viele Nachzügler bleiben ihr Leben lang das Nesthäkchen der Familie, das zu bemuttern ist. Alle haben an ihm oder ihr herumerzogen, und da fällt es dann schwer, für das Leben als Erwachsener genügend Selbstbewusstsein zu entwickeln und seine Rechte einzufordern. Wer schon in jungen Jahren von Eltern und Geschwistern erzogen wurde, gewöhnt sich daran, bevormundet zu werden, und so lässt er es sich auch noch als Erwachsener gefallen.

Die älteren Geschwister meinen es vielleicht sogar gut, wenn sie das Jüngste bemuttern, und sie finden sicher gute Gründe dafür – auch noch als Erwachsene. Es geschieht deshalb immer wieder, dass sich das jüngste Kind schon allein wegen seiner Stellung minderwertiger, weniger leistungsfähig und unselbstständiger fühlt. Ein Nachzügler erzählte mir: „Irgendwie gehöre ich nicht so richtig dazu. Ich bekomme meine Streicheleinheiten von anderen."

Groll und Abhängigkeit sind typische Reaktionen des zuletzt geborenen Kindes. Es bemüht sich vielleicht sehr, mit den anderen mitzuhalten. Das kann sich zwar positiv auswirken. Es droht aber auch die Überforderung. Wenn das Schritthalten nicht gelingen will, stellen sich Resignation und Minderwertigkeitsgefühle ein.

Wenn Sie der oder die Letzte sind, kann es leicht vorkommen, dass Sie Ihr Leben lang immer auf andere warten. Ihre Mitmenschen sollen die Initiative ergreifen und vorangehen. Sie haben sich immer mit Ihren älteren und leistungsstärkeren Geschwistern verglichen und dabei scheinbar den Kürzeren gezogen. Eigentlich wollen ja auch Sie einmal Vorreiter sein, aber Sie sind sich nicht sicher, ob Sie auch durchhalten werden.

So manches Nesthäkchen wartet schon voller Ungeduld auf die Volljährigkeit. Dann, ja dann glaubt er oder sie, sich endlich von den Fesseln der geschwisterlichen Rangfolge befreien und nach vorn preschen zu können. Doch leider kommt es meistens anders als erhofft. Es fällt immer schwer, ausgetretene Pfade zu verlassen. Warum sollten sich die Ängste, die Sie während Ihrer Kindheit begleitet haben, unvermittelt in Luft auflösen, nur weil die Geschwister außer Sichtweite sind und Sie auf eigenen Füßen stehen? Die Jüngsten sind und bleiben mit großer Wahrscheinlichkeit in einem Abhängigkeitsverhältnis. Irgendjemand ist immer in der Nähe, der willens und fähig ist, Verantwortung abzunehmen. Warum soll man da jetzt noch lernen, wirklich auf eigenen Füßen zu stehen? Es gibt doch keinen echten Grund dafür. So denken viele, die zuletzt geboren wurden.

Auch wenn die Letzten in der Geschwisterreihe oft so hilflos und abhängig wirken, so üben sie doch auch Macht über die aus, die ihnen immer alles abnehmen. Wenn jemand andauernd etwas für

Sie erledigt, wer ist dann der Diener? Wie wird wohl eine Ehe funktionieren, bei der ein jüngster Sohn eine älteste Tochter heiratet?

Wenn andere Ihnen ständig alles abnehmen und Sie es nicht nötig haben, sich wie Ihre Mitmenschen anzustrengen, werden Sie dann selbstsicher und mit der Gewissheit in die Welt hinausgehen, sich Ihren Probleme stellen zu können? Wohl kaum! Sie werden zögern und zaudern und ständig mit dem Gefühl leben, alle anderen packen das Leben besser. Ein leiser Selbstzweifel wird wohl fast jeden halbwegs erfolgreichen Menschen sein Leben lang begleiten, der als Letzter in einer Familie das Licht der Welt erblickt hat.

Andererseits haben die Jüngsten oft eine gute Beobachtungsgabe. Sie lernen früh, die verschiedensten Fähigkeiten ihrer Geschwister zu erkennen. Da sie viele Erfahrungen nicht mehr selber machen müssen, ist bei ihnen Raum für spielerische Kreativität. Wer sonst hat so viel Gelegenheit, sich die Erfahrungen anderer zunutze zu machen!

Die Jüngsten sind darüber hinaus in vielen Fällen die Neuerer und Konventionsbrecher in der Familie. Sie testen die Grenzen und prüfen, womit sie durchkommen. Sie sind oft die Radikalsten und Rebellischsten in der Familie. Sie sind besonders offen für neue Ideen, während Autoritätspersonen es bei ihnen meist schwer haben. Es sind Menschen, die gern neue Wege gehen und auf unkonventionelle Weise ihre Ziele erreichen. Sie spielen nicht nach herkömmlichen Regeln, weil sie an den Wettstreit unter Gleichen nicht gewöhnt sind.

Wenn es darum ging, wer am schnellsten rennt, am schönsten schreibt oder sonst etwas am besten kann, hatten sie ja nie eine Chance. Meist stiegen sie schon vor dem Ende aus dem Wettbewerb aus – hatten plötzlich irgendwo Schmerzen oder einfach keine Lust mehr. Oder sie setzten Regelverstöße durch, die ihnen zugute kamen.

Die „Kleinen" in der Familie bekommen oft die Extraportion Liebe und Zuwendung, und in den Augen der Geschwister sind sie es, denen die Eltern so manches durchgehen lassen. Die scheinen mit jedem Kind nachgiebiger zu werden. Die Letzten sind die Charmanten, die es verstehen, andere um den Finger zu wickeln und damit ihren Willen zu bekommen.

Weil die Jüngsten immer irgendwie gegen den Strom des Familienlebens zu schwimmen scheinen, werden einige von ihnen eines Tages resignieren, während die anderen eher unkonventionelle Wege einschlagen.

Die Jüngsten in der Familie sind typischerweise die extrovertierten Charmeure, die es verstehen, alle anderen um den Finger zu wickeln. Sie sind lieb, unkonventionell, und manchmal wirken sie ein wenig zerstreut und geistesabwesend. Ihre Neigung, das Leben leicht zu nehmen, erntet wohlwollendes Schmunzeln, so manchen Lacher oder aber Kopfschütteln. Wenn es darum geht, irgendetwas auf die Beine zu stellen, sind sie die Ersten, die sich freiwillig melden. Auf der anderen Seite sind sie es, die auffällig häufig mit offenem Reißverschluss an delikater Stelle angetroffen werden. Zweifellos sind sie tendenziell immer ein bisschen anders.

Es ist deswegen auch nicht verwunderlich, dass der Familienclown mit einiger Wahrscheinlichkeit der Letzte der Geschwister ist. Niemand hat ihm die Rolle angetragen. Er ist selbst in sie hineingeschlüpft. Er ist einfach das Enfant terrible, der Tollpatsch der Familie. Was er will, ist die Aufmerksamkeit der anderen. Und deshalb trachtet er danach, andere zum Lachen zu bringen. Er fordert sie ständig heraus, ihm gegenüber Stellung zu beziehen.

Es gibt wenigstens zwei gute Gründe für seinen Hunger nach Starruhm: Er hat meist noch einen Bruder – vielleicht fünf Jahre älter – dem nicht viel zum absoluten Ass fehlt, und eine acht Jahre ältere Schwester, die aber auch alles perfekt zu beherrschen scheint. Die bescheidenen Leistungen des Jüngsten liegen dann selbstverständlich stets weit abgeschlagen hinter denen der älteren Geschwister zurück.

Ein typisches Merkmal des zuletzt Geborenen ist seine Sorglosigkeit. Relativ unbeschwert geht er als Hans Dampf durchs Leben und ist sogar beliebt trotz (oder gerade wegen) seiner Schrullen und Eskapaden.

Versammeln Sie Ihre Lieben zum großen Familienfoto. Sie werden sich dabei alle Mühe geben, mit Akribie jedem einen günstigen Platz zuzuweisen und den Auslöser dann zu drücken, wenn gerade alle ein halbwegs vernünftiges Gesicht machen. Aber halt! Wer ist denn das da oben in der linken Ecke, der schieläugig alles daransetzt, mit der Zungenspitze an die Nase zu tippen? Es ist Tim, der Nachzügler – gerade 26 geworden –, der wieder seine Show abzieht, um andere zum Lachen zu bringen.

Aber vielleicht zieht Tim seine Show auch aus anderen Gründen ab. Die Nesthäkchen einer Familie haben oft ihr ganz eigenwilliges Wertesystem. Sie sind keineswegs nur die unkomplizierten Charmeure, sondern ebenso die verzogenen und ungestümen Rebellen mit Stimmungsschwankungen und rasender Ungeduld. Diese für die jeweilige Stellung in der Geschwisterreihe typischen Verhaltesmuster werden schon sehr früh im Leben festgelegt.

In einer Zeitschrift las ich einen Artikel über eine Bodybuilderin. Sie war die Jüngste von drei Mädchen. Vater und Mutter lebten als leistungsorientierte Karrieristen, und auch die beiden Schwestern hatten schon mehrere akademische Titel erlangt. Nach ihren eigenen Worten „wussten ihre älteren Schwestern immer haargenau, was sie wollten. Und seit sie keine Kinder mehr waren, machten sie immer alles richtig".

Sich selbst beschrieb die Bodybuilderin wie folgt: „Ich war immer nur die Außenseiterin." Sie ließ sich immer nur treiben – in der Schule und später bei mehreren Ansätzen, ein Studium zu beginnen, „immer auf der Suche nach einem Lebensziel, das alle anderen in der Familie bereits gefunden hatten".

Eine Tages hielt sie sich dann zufällig in dem Raum für die Gewichtheber auf. Und ihr kam die Idee, alles daranzusetzen, die stärkste Frau der Welt zu werden. Das war der Wendepunkt in ihrem Leben. In diesem Augenblick fand sie ihre eigene Identität, auch wenn ihr Ziel etwas außergewöhnlich für eine Frau war. Seit dieser Zeit hat sie immer wieder ihr Leben durch den Missbrauch von Anabolika und durch übertriebenes Training gefährdet. Man hat den Eindruck, dass die Suche nach Sinn ihr ganzes Leben beherrscht.

Sie ist bereit, alles zu opfern, nur um ihre Identität nicht zu verlieren. Offenbar ist die Mühsal des Trainings nichts im Vergleich zu dem Schmerz, sich einsam und isoliert zu fühlen.

Die Jüngsten einer Familie müssen sich etwas einfallen lassen, um mithalten zu können, und normalerweise macht es ihnen auch nichts aus, eben ein bisschen anders zu sein. Wie sich das konkret in ihrem Leben auswirkt, kann allerdings ganz unterschiedlich sein.

Haben Sie sich wieder erkannt? Passten Sie irgendwo in das Schema? Natürlich haben wir es mit Verallgemeinerungen zu tun. Es gibt immer die Ausnahme von der Regel. Aber in sehr vielen Fällen passt es eben doch. Es hat schon vielen geholfen, wenn sie die Geschwisterreihe und die Besonderheiten jeder Position verstanden haben. So mancher hat dann zugegeben: „Es ist schon gut zu wissen, dass das, was ich durchgemacht und empfunden habe, unter den gegebenen Umständen ganz normal war. Ich komme mir jetzt nicht mehr als Sonderling vor."

Wie sich die Position in der Geschwisterreihe auf andere Beziehungen auswirkt

Welche Auswirkung hat Ihre Position in der Geschwisterreihe eigentlich auf Ihr Verhältnis zu den Kollegen am Arbeitsplatz? Setzt sich die Geschwisterrivalität, die Sie in der Familie erleben, dort auf irgendeine Weise fort? Gibt es „Lieblinge" unter den Kollegen oder Sündenböcke? Denken Sie daran: Sobald Sie Kollegen mit Geschwistern identifizieren, können Sie ihnen nicht mehr neutral gegenübertreten. Es kommen uralte Gefühle und vielleicht sogar Ressentiments mit ins Spiel. Haben Sie sich schon manchmal gefragt, warum Sie den einen fürchten, den anderen nicht leiden können und wieder andere heiß verehren bzw. am liebsten links liegen lassen? Könnte es sein, dass Sie die betreffende Person mit einem Ihrer Geschwister unbewusst in einen Topf werfen?

Wenn Sie der oder die Erstgeborene sind, wem gegenüber verhalten Sie sich dann am Arbeitsplatz wie einem jüngeren Bruder oder einer jüngeren Schwester gegenüber? Sind Sie nicht der Erste, wer unter den Kollegen spielt dann die Rolle des Ältesten? Kennen Sie Mr. Spock aus der Serie „Raumschiff Enterprise"? Leonard Nimoy spielte ihn damals. Er wurde für einen Emmy nominiert – für die beste Nebenrolle. Eigentlich war das schon keine Nebenrolle mehr. Aber nach eigenem Bekunden war er ganz zufrieden mit dieser Positionierung. Er hatte es schon als Kind gelernt, als zweiter Sohn seinem älteren Bruder niemals den Rang abzulaufen. Nimoy fühlte sich einfach wohl in dieser „Nebenrolle". Wäre er der Älteste gewesen, wer weiß, vielleicht hätte ihm dann der Preis nicht so viel bedeutet.

In so mancher Personalabteilung hat man die Erfahrung gemacht, dass von Frauen mit mehreren Geschwistern gute Leistungen erwartet werden können. Sie haben es offenbar gelernt, sich mit anderen kooperativ auseinander zu setzen.

Wie sieht es bei Ihren engeren Freundschaften aus? Erkennen Sie in diesen Beziehungen Parallelen zu Geschwisterbeziehungen mit entsprechender Rangordnung? Tauchen alte Verhaltensmuster wieder auf? Wie kommt es, dass manche nur einen oder zwei enge Freunde haben, während andere gleich mit fünf oder sechs aufwarten können? Gibt es hierbei Parallelen zur ursprünglichen Familie? Könnte die Geschwisterzahl eine Rolle spielen oder der Grad der Vertrautheit innerhalb der Familie? Welche Personen finden Sie sympathisch, welche unsympathisch?

Mit dem Erwachsenwerden beginnt die Suche nach einem geeigneten Lebenspartner. Die Motive, die uns dabei lenken, sind uns in der Tat meist nicht bewusst. Man sucht jemand, der zu einem zu passen scheint. Aber der Erfolg ist keineswegs ein Zufall. Die Erfahrungen, die man mit seinen Geschwistern gesammelt hat, spielen eine nicht unbedeutende Rolle. Sind Sie z.B. ein Mann und gleichzeitig der älteste Sohn mit einer jüngeren Schwester – wer würde dann wohl am besten zu Ihnen passen? Wäre es eine Frau, die die Älteste von mehreren Schwestern ist, oder die Jüngste mit älteren Brüdern? Die älteste Schwester entspräche Ihnen, der Sie der älteste Bruder sind. Sie kennen weibliche Wesen, die jünger sind als Sie. Aber eine erstgeborene Frau? Da kennen Sie sich nicht so aus. Zwei Erstgeborene haben außerdem ein hohes Konflikt-potenzial, weil sie beide das Herrschen gewohnt sind. Hinzu kommt in dieser Konstellation noch, dass die Älteste von mehreren Schwe-stern keine Erfahrung im Umgang mit Brüdern hat.

Wie sieht die Konstellation bei Ihnen aus? Haben Sie schon mit Ihrem Partner über den Einfluss Ihrer Stellung in der Geschwisterreihe ge-sprochen?

Wir analysieren unsere Beziehungen

Verhalten Sie sich so, wie wir es der jeweiligen Position in der Geschwisterreihe entsprechend beschrieben haben? Wie wirkt sich das ganz praktisch in Ihrem Leben aus? Wundern Sie sich manch-mal über die Reaktionen anderer? Wie stark werden Ihre zwischen-menschlichen Beziehungen von den Konsequenzen Ihrer Geschwis-terposition beeinflusst?

Wenn Ihnen erst einmal bewusst wird, wie sehr die Beziehung zu den Geschwistern noch heute in Ihrem Leben eine Rolle spielt, dann ist es höchste Zeit, darüber nachzudenken, ob das so bleiben soll.

Wenn Sie heute mit Ihren Geschwistern zusammentreffen, laufen dann noch die gleichen Rituale ab, die Sie von früher kennen? Haben Sie manchmal das Gefühl, eine Zeitmaschine zu besteigen und Szenen Ihrer Kindheit neu zu durchleben, sobald Sie mit Ge-schwistern zusammentreffen?
    Wenn Ihnen erst einmal bewusst wird, wie sehr die Beziehung zu den Geschwistern noch heute in Ihrem Leben eine Rolle spielt, dann ist es höchste Zeit, darüber nachzudenken, ob das so bleiben

soll. Niemand ist gezwungen, Verhaltensmuster aus der Kindheit ein Leben lang mitzuschleppen.

Zusammenfassend können wir sagen:

1. So wichtig die Stellung in der Geschwisterreihe auch sein mag, so übt sie doch nur einen gewissen Einfluss aus. Sie bedeutet keineswegs ein unabänderliches Schicksal, das, wie in Zement gegossen, dem Kind vorherbestimmt, wie sein Leben verlaufen wird.

2. Genauso wichtig wie die Rangordnung unter den Geschwistern sind die Erziehung der Eltern, Einflüsse der Umgebung und körperliche und geistige Anlagen.

3. Jede Position in der Geschwisterreihe hat sowohl Vorteile als auch Nachteile. Eltern sollten diese kennen und damit umgehen lernen. Sie sollten die negativen Aspekte mildern und die positiven fördern.

4. Es gibt keine bessere oder schlechtere Position in der Geschwisterreihe. Die Erstgeborenen scheinen zunächst einmal die Bevorzugten zu sein. Aber auch den jüngeren Geschwistern stehen letztlich alle Türen offen. Es liegt an ihnen, ob sie etwas daraus machen.

5. Die Position in der Geschwisterreihe sagt nicht alles über das Wesen eines Menschen. Das schafft kein noch so ausgeklügeltes System zur Persönlichkeitsbestimmung. Erst die Berücksichtigung körperlicher, mentaler und emotionaler Faktoren rundet das Bild ab.

6. Wer die Grundprinzipien der Geschwisterreihe verstanden hat, besitzt allerdings noch keine Formel, mit der er über Nacht Probleme lösen und persönlichkeitsverändernd wirken kann. Sich selbst zu ändern ist wohl die heikelste Aufgabe, mit der sich ein Mensch konfrontiert sehen kann. Sie bedeutet im Allgemeinen harte Arbeit und Geduld.

3. Lieblinge in der Familie?

Auch Sie haben vielleicht früher Sätze gehört wie: „Dich hat Mutti viel lieber gehabt!" Oder: „Papa hat mit dir viel mehr gespielt." Oder Sie selber haben sich irgendwann in Ihrem Leben ähnlich beklagt. Wenn man erst einmal der Meinung ist, man werde von den Eltern ungleich behandelt, kommt es zu Verstimmungen in zwei Bereichen: Das Selbstwertgefühl leidet und die Beziehung zu den Geschwistern nimmt Schaden. Fühlt sich das Kind benachteiligt und ausgesondert, wird seine Gefühlswelt von unerfüllten Wünschen und von dem Drang beherrscht, sich das zu holen, was ihm vermeintlich entgangen ist.

Wenn Sie irgendwann einmal das Gefühl hatten, von den eigenen Eltern abgelehnt bzw. geringer geschätzt worden zu sein als die Geschwister, dann wird dieser Stachel trotz vielerlei Bemühungen nur schwer zu entfernen sein. Dieser innerliche Schmerz wird Ihr Verhalten bestimmen – in der Pubertät und später als Erwachsener. Und manche werden die Angst vor dem Verstoßenwerden ihr Leben lang nicht los.

Eine klassische Fallstudie

Josef war der Lieblingssohn und der gehasste Bruder. Jakob, sein Vater, war schon recht betagt und somit eher nachgiebig und unbeweglich. Um das Familiensystem besser zu durchschauen, müssen wir uns vergegenwärtigen, wie sich dieser Jakob in anderen Situationen verhielt:

Und Dina, die Tochter Leas, die sie dem Jakob geboren hatte, ging aus, die Töchter des Landes zu sehen. Da sah Sichem sie, der Sohn des Hewiters Hamor, des Fürsten des Landes; und er nahm sie und lege sich zu ihr und tat ihr Gewalt an (1. Mose 34,1-2).

Als Jakob, Dinas Vater, davon hörte, blieb er untätig. Nur ihre Brüder wurden aktiv. Sie schmiedeten einen Plan, überlisteten die Hewiter, die in die Falle tappten, und töteten alle Männer in der Stadt. Außerdem nahmen sie sich alles Gut und führten Frauen und Kinder fort (s. Vers 29).

Jakob war erbost über das, was seine Söhne angerichtet hatten. Am meisten aber beunruhigte ihn, dass sein Ansehen im Land gelitten haben könnte.

Eine weitere Familienkrise ereignete sich wenig später:

Und Israel [Jakob] brach auf und schlug sein Zelt auf jenseits von Migdal-Eder. Und es geschah, als Israel in jenem Land wohnte, ging Ruben hin und lag bei Bilha, der Nebenfrau seines Vaters. Und Israel hörte es (1. Mose 35,21-22).

Jakobs Sohn Ruben schlief also mit Bilha, die die Mutter von Rubens Halbbrüdern war. Unternahm Jakob etwas, als er das hörte? Nein, er tat nichts.

Geschwisterkrieg wie in einer Seifenoper

Josef wurde in eine Familie mit vielen Geschwistern geboren. Betrug, Intrigen, Wutanfälle, Aufruhr, Rivalitäten und unbändige Eifersucht waren an der Tagesordnung.

Von Geburt an war Josef der Liebling. Er war das Kind des alternden Jakob, und er schien sich auch charakterlich von seinen Brüdern zu unterscheiden. Vielleicht war das der eigentliche Grund, warum Jakob ihn vorzog. Zum Leidwesen der anderen Geschwister zeigte Jakob ganz offen, wer sein Liebling war. Sie bekamen es immer wieder ganz praktisch vor Augen geführt: Josef war das Herzenskind seines Vaters. Eigentlich konnte es sie nicht überraschen, denn Josefs Mutter war Jakobs Lieblingsfrau. Darüber hinaus tat Jakob etwas, was die älteren Söhne gegen ihn aufbrachte:

Und Israel liebte Josef mehr als all seine Söhne, weil er der Sohn seines Alters war; und er machte ihm einen bunten Leibrock (1. Mose 37,3).

Jakob hatte elf Söhne, und es hatte Mühe gekostet, sie großzuziehen. Nun aber war ihm noch ein Sohn geboren worden, mit dem man offenbar unkompliziert auskommen konnte. Ein Vater, der gern seine Ruhe hat, vor allem wenn er älter ist, wird das pflegeleichte Kind bevorzugen. Und Jakob gab sich auch keine Mühe, diese Bevorzugung zu verbergen!

Der eine bekam es bunt, die anderen sahen rot

Der bunte Rock allein war nicht das Problem. Forscher meinen, dass es sich um ein langärmliges, knöchellanges Gewand handelte. Mit solch einem Kleidungsstück kann man keine schwere Arbeit verrichten. Es war kostbar, aber ohne praktischen Wert. Dieser Mantel war jedoch eine Botschaft. Zu Josefs Zeiten ging man mit solch einem Gewand nicht aufs Feld, um sich zu plagen. Für die Feldarbeit trug man ein ärmelloses Hemd. Indem Jakob dieses edle Gewand Josef schenkte, wollte er etwas zum Ausdruck bringen: „Josef kann diesen Mantel tragen, weil er nicht wie ihr anderen schwer arbeiten muss." Da ist es kein Wunder, dass die Brüder erbost reagierten. Sie waren ja nicht blind:

Als aber seine Brüder sahen, dass ihr Vater ihn mehr liebte als alle seine Brüder, da hassten sie ihn und konnten ihn nicht mehr grüßen (1. Mose 37,4).

Eifersucht und Feindseligkeit waren so groß, dass Josef nur noch Hohn und Spott von seinen Brüdern erntete. Doch diese waren noch aus einem anderen Grund wütend auf ihn:

Josef, siebzehn Jahre alt, war als Hirte mit seinen Brüdern bei den Schafen – als er noch ein Junge war ... Und Josef hinterbrachte ihrem Vater die üble Nachrede über sie (Vers 2).

Josef sorgte also dafür, dass seine Brüder beim Vater in einem schlechten Licht dastanden. Wir erfahren nicht, ob sie es auch verdienten. Aber nach dem, was wir sonst über sie wissen, scheint dies nahe zu liegen. Zwischen den Brüdern herrschte große Rivalität.

Öl aufs Feuer der Eifersucht

Josef war sich seiner Stellung beim Vater bewusst. Er war überzeugt, über seinen Brüdern zu stehen, und so fuhr er fort, sie zu kränken und zu demütigen. Er tat dies geradezu genüsslich. Er war nicht der Bruder, mit dem man gern zusammen ist und den man liebt. Als er den Brüdern von seinen Träumen erzählte, brachte das das Fass zum Überlaufen:

Und Josef hatte einen Traum, den erzählte er seinen Brüdern; da hassten sie ihn noch mehr. Und er sagte zu ihnen: Hört doch diesen Traum, den ich gehabt habe: Siehe, wir banden Garben mitten auf dem Feld, und siehe, meine Garbe richtete sich auf und blieb auch aufrecht stehen; und siehe, eure Garben stellten sich ringsum auf und verneigten sich vor meiner Garbe. Da sagten seine Brüder zu ihm: Willst du etwa König über uns werden, willst du gar über uns herrschen? Und sie hassten ihn noch mehr wegen seiner Träume und wegen seiner Reden (Verse 5-8).

Seine Brüder schäumten vor Wut. Wenn er es nicht bemerkte, dann war er blind. Wenn er es jedoch mitbekam, dann musste er einen heimlichen Todeswunsch mit sich herumgetragen haben. Denn schon am nächsten Tag berichtete er von seinem nächsten Traum:

Und er hatte noch einen anderen Traum, auch den erzählte er seinen Brüdern und sagte: Siehe, noch einen Traum hatte ich, und siehe, die Sonne und der Mond und elf Sterne beugten sich vor mir nieder. Und er erzählte es seinem Vater und seinen Brüdern. Da schalt ihn sein Vater und sagte zu ihm: Was ist das für ein Traum, den du gehabt hast? Sollen wir etwa kommen, ich und deine Mutter und deine Brüder, um uns vor dir zur Erde niederzubeugen? Da schrie ihn sein Vater an. Und seine Brüder waren eifersüchtig auf ihn; aber sein Vater bewahrte das Wort (Verse 9-11).

Das brachte das Fass nun endgültig zum Überlaufen. Als die Brüder wieder draußen auf dem Feld waren, um die Schafe zu hüten, sandte Jakob Josef aus, um sie zu kontrollieren. War sich dieser Vater gar nicht im Klaren darüber, wie eifersüchtig und hasserfüllt seine älteren Söhne sein mussten? War er blind dafür? Als die Brüder Josef kommen sahen, schmiedeten sie Pläne gegen ihn. Aber obwohl die Gelegenheit günstig war, konnten sie sich nicht durchringen, ihn zu töten. Sie wollten ihn einfach nur loswerden. Und so kamen sie zu dem Schluss, die bequemste Lösung sei, ihn nach Ägypten in die Sklaverei zu verkaufen.

So manchen Liebling in so mancher Familie kann man aber nicht so leicht „loswerden". Und sie gehen oft auch nicht von selbst. Immer wieder führen sie ihren Geschwistern in Wort und Tat vor Augen, welchen Rang sie in der Familie einnehmen.

Josef – ja! Josefine – nein!

Ich habe immer wieder erlebt, wie Kinder abgelehnt oder zurückgesetzt wurden, nur weil sie das „falsche" Geschlecht hatten! Manche Eltern haben sich so sehr darauf versteift, entweder einen Jungen oder ein Mädchen zu bekommen, dass ihre Liebe und Zuneigung erkaltet, sobald sie mit dem „falschen" Kind konfrontiert werden. Haben Sie nicht auch schon Leute sagen hören: „Das ist ja prima! Das erste Kind und dann auch noch ein Junge. Jetzt habt ihr euren Stammhalter! Nun können ja noch die Mädchen kommen"? Ich frage mich, wie Jakob sich verhalten hätte, wenn das letzte Kind nicht Josef, sondern Josefine gewesen wäre.

Wer wünscht sich nicht einen Sohn! Jedenfalls viele Eltern. Im Alten Testament lesen wir über Rahel, wie sie Jakob, ihrem Mann, verspricht, Söhne zu gebären oder zu sterben (1. Mose 30,1). Warum werden die Söhne so besonders geschätzt? Das wird sich so manches Mädchen gefragt haben. Das Erbrecht in vielen Kulturen vom Alten Testament bis heute bestimmt den erstgeborenen Sohn als Erben.

Noch heute gibt es in verschiedenen Kulturen entsprechende Sitten. Der älteste Sohn in asiatischen Familien verdient so viel Respekt, dass ihm selbst dann, wenn er noch im Knabenalter ist, die jüngeren Geschwister unbedingt gehorsam sein müssen.

In China, Korea und Indien werden Söhne so sehr bevorzugt, dass der Fötus abgetrieben wird, falls sich bei einem Test herausstellt, dass es ein Mädchen wird. Wenn in diesen Ländern die Nahrung knapp wird, bekommen die Söhne mehr zu essen als die Töchter. In der griechischen Kultur ist die Mutter hoch angesehen, wenn sie einem Jungen das Leben schenkt. Seine Schwestern wachsen mit dem Bewusstsein auf, dass sie ihm gehorchen müssen.

Selbst in unseren westlichen Ländern werden Jungen noch immer bevorzugt – trotz aller Bemühungen der Frauenbewegung. Trotz geänderten Namensrechts wird er noch häufig als der eigentliche Stammhalter angesehen.

Barbara beschreibt die folgende verletzende Erfahrung:

Anlässlich der Goldenen Hochzeit meiner Eltern gab mein Vater ein großes Essen. Während wir an der Tür auf die Gäste warteten, um sie zu begrüßen, stand ich zwischen meinem Vater und meinem Bruder Tom. Als das erste Paar eintraf, begrüßte mein Vater die beiden. Dann legte er direkt an mir vorbei seinen Arm auf die Schultern meines Bruders und erklärte stolz: „Und das ist unser Sohn Tom."

Ich stand zwischen ihnen und hatte plötzlich das Gefühl, aus dieser Szene hinausgetreten zu sein. Ich konnte nun mit eigenen Augen sehen, was ich unbewusst schon vorher registriert hatte: Mein Vater (und auch meine Mutter) bevorzugte Jungen. Diese plötzliche Erkenntnis löste aber bei mir nicht etwa Missmut oder Groll aus. Es war eher ein Aha-Erlebnis, durch das so manches Erlebnis aus der Vergangenheit plötzlich einen Sinn bekam.

Meine Eltern haben meinen Bruder niemals bewusst und willentlich vorgezogen. Und ganz unrecht war es ihnen auch nicht, dass das zweite Kind ein Mädchen war. Trotzdem hielten sie wie viele in unserer Gesellschaft an dieser tief verwurzelten Überzeugung fest, dass männliche Wesen letztlich wertvoller sind als weibliche. Es gibt sogar christliche Verkünder, die die Behauptung aufstellen, selbst Gott bevorzuge die Männer. Diese Grundüberzeugung tritt in ganz unterschiedlichen Lebensbereichen zutage – einschließlich der Erziehung.

Nichts kann der Persönlichkeitsentwicklung (und dem Verhältnis bereits rivalisierender Geschwister) mehr schaden als Eltern, die ein Geschlecht dem anderen vorziehen. Das Kind mit dem „falschen" Geschlecht wird sich irgendwann unwohl darin fühlen, ganz gleich, ob es ein Junge oder ein Mädchen ist.

Die Bibel definiert zwar eindeutig die Geschlechtsrollen, sagt aber gleichzeitig: „Dennoch ist im Herrn weder die Frau ohne den Mann, noch der Mann ohne die Frau" (1. Korinther 11,11).

Weitere Gründe für Bevorzugung oder Ablehnung

Eltern, die ein Kind deutlich ablehnen, sind keineswegs eine seltene Erscheinung in unserer Gesellschaft. Auch das Bevorzugen einzelner Söhne oder Töchter kommt häufig vor. Und dafür gibt es mehrere Gründe.

Einer davon mag sein, dass die Eltern mit einem Kind einfach unkomplizierter auskommen. Manche Kinder werden wegen irgendeines Handikaps abgelehnt, weil sie geistig zurückgeblieben oder weil die Geschwister hübscher oder begabter sind.

Es kann aber auch vorkommen, dass ein Kind zu sehr dem Elternteil ähnelt, das sich selber hasst. Und dann projiziert z.B. der Vater seine negativen Gefühle auf das Kind. Kinder, die der ungeliebten Familie des Partners nachschlagen, müssen damit rechnen, den ganzen Groll des anderen Elternteils abzubekommen. Der Ärger erreicht nicht mehr die eigentlichen Adressaten, sondern wird bei dem unschuldigen Kind abgeladen.

Das Kind könnte auch das Ergebnis einer nicht geplanten Schwangerschaft sein. Ablehnung ist dann häufig die Folge. Ein ungeplantes Kind kann unter Umständen als schwere Last empfunden werden. (Manche Eltern haben Kinder, nicht weil sie sie wollten, sondern weil sie nicht wussten, wie man sie verhindert.)

Und es gibt da noch die Eltern, die unbedingt ein Mädchen oder einen Jungen haben wollten und die es das Kind spüren lassen, wenn es doch vom „falschen" Geschlecht ist.

Manchmal wird ein Kind zu Anfang noch mit viel Liebe und Zuneigung bedacht, doch plötzlich spürt es einen Sinneswandel bei den Eltern. Wenn es größer wird, merkt es, dass die Liebe nicht echt ist. Dann könnte es sein, dass es in der ersten Zeit von einem Elternteil als Ersatz missbraucht worden ist. Eine Frau mit einer gestörten Beziehung zum Ehemann überhäuft das Kind mit Zuwendung und Liebe, weil es beides nicht zurückweisen kann. Und das Kleinkind wird zu Anfang ganz automatisch lieb und freundlich sein. Doch sobald Sohn oder Tochter heranwächst, erlebt der Erwachsene, dass das Kind nicht mehr so ohne weiteres nach Gutdünken gebraucht werden kann. Die Liebe wird plötzlich zurückgehalten. Und das Kind wird diesen Vorgang dahingehend interpretieren, dass es niemals um seiner selbst willen geliebt worden ist.

Mütter lehnen ihre Kinder aus ganz verschiedenen Gründen ab. Manche sehen z.B. im Sohn den nicht mehr geliebten Ehemann. Der Hass, den dieser verdient, wird dem Kind entgegengebracht. Wegen dieser starken negativen Emotionen dem Vater des Kindes gegenüber verliert der Sohn seine eigene Identität in den Augen der Mutter. Wenn eine solche Mutter noch Töchter hat, werden diese dem Jungen vorgezogen.

Für manche Mütter ist das Kind das Bindeglied, das eine brüchige Ehe zusammenhalten soll. Aber die Konflikte lassen sich damit nicht aus der Welt schaffen. Wenn die Enttäuschung der Mutter in der Ehe sehr groß ist oder sie sogar von ihrem Mann missbraucht wird, kann die Mutterliebe sogar in Hass umschlagen, weil das Kind als Fessel empfunden wird, die an den ungeliebten Mann bindet.

Ist eine Ehe schon brüchig und glaubt die Frau, dass das Kind die Beziehung retten könnte, dann erfährt es keine bedingungslose Annahme. Und sofern die Ehe sich nicht durch die Anwesenheit des Kindes bessert, wird es auch noch dafür verantwortlich gemacht. Die Mutter lebt mit dem Gefühl, zwischen dem Kind, das seine Rolle nicht erfüllt, und dem ungeliebten Ehemann gefesselt zu sein.

Vorgezogen wird ein Kind dann, wenn sich einer der Eltern besonders stark mit ihm identifiziert, weil vielleicht eine große Nähe oder Ähnlichkeit besteht. Der erstgeborene Vater steht dem erstgeborenen Sohn sehr nahe. Und die Mutter als Sandwich-Kind liebt besonders ihre Tochter in der gleichen Position. Oder eine Mutter ist früher von älteren Geschwistern ständig schikaniert worden, und nun meint sie, ihr jüngstes Kind besonders beschützen zu müssen. Solche Verhaltensweisen sind häufig Neuinszenierungen von Ereignissen aus der Kindheit.

Denken Sie einmal über Ihre eigene Familie nach. Wie war das mit Ihrer Mutter? An welcher Stelle der Geschwisterreihe stand sie? Wie war das Verhältnis zu den Eltern? Wie standen Sie zu Ihrem Vater? War er der Erstgeborene? Wie stand er zu seinen Eltern? Erkennen Sie Zusammenhänge?

Folgen für den Abgelehnten

Der Film *Houdini* endet mit einer sehr bewegenden Szene. Der Titelheld ist gerade gestorben und seine Frau Bess spricht noch mit dem Bruder des Toten. Dieser erzählt, dass seine Mutter auf dem Sterbebett sehr gelitten habe. Noch im Todeskampf habe sie ihm zugeraunt: „Ich habe doch immer nur gewollt, dass dein Bruder ein starker Mann wird. Bitte ihn, dass er mir vergibt." Bess will daraufhin wissen, warum er seinem Bruder niemals davon erzählt habe. Und er antwortet: „In meinem ganzen bisherigen Leben kam immer er an erster Stelle. Ich liebte ihn mehr, als er mich ließ. Doch gleichzeitig hasste ich ihn. Sie war auch *meine* Mutter. Aber als sie starb, hatte sie kein einziges Wort für mich."

Solche gemischten Gefühle einem bevorzugten Geschwister gegenüber sind nicht ungewöhnlich. Genauso oft kommt es aber vor, dass das sich zurückgesetzt fühlende Kind überzeugt ist, es selber sei schuld daran und nicht etwa die Eltern. Doch Bevorzugung ist immer ein Problem der Eltern. Ich habe in der Seelsorgepraxis immer wieder mit Menschen zu tun, die noch als Erwachsene überzeugt sind, dass ihre Eltern Recht hatten: Das bevorzugte Geschwister sei nun mal besser gewesen.

Genauso oft kommt es aber vor, dass das sich zurückgesetzt fühlende Kind überzeugt ist, es selber sei schuld daran und nicht etwa die Eltern. Doch Bevorzugung ist immer ein Problem der Eltern.

In vielen Fällen richtet sich der Groll des zurückgesetzten Kindes nicht etwa gegen die Eltern, sondern gegen deren Liebling. Dieser wird sogar zum Ziel von Vergeltungsmaßnahmen. Es ist in jedem Fall sicherer, den Bruder oder die Schwester zu attackieren als die eigenen Eltern. Josef war solch ein Opfer. Aber er war auch gleichzeitig Täter, denn er und sein Vater gossen Öl aufs Feuer und fachten damit die Eifersucht und den Hass der älteren Brüder an.

Es kann aber auch vorkommen, dass die Bevorzugung nur eingebildet ist. Man muss sich also immer fragen, ob der Bruder oder die Schwester wirklich der Liebling der Eltern war oder noch ist oder ob das Ganze nur ein Hirngespinst ist. Die meisten Kinder sind irgendwann der Meinung, die Geschwister bekämen bei den Eltern Sonderkonditionen. Doch selbst wenn alles nur Einbildung ist, entsteht, sofern hartnäckig bis ins Erwachsenenalter daran festgehalten wird, irgendwann eine reale Basis für schädliche Folgen.

Der berühmte Psychologe Alfred Adler, der nicht der Liebling seiner Mutter war, schrieb einmal: *„Fast jede Entmutigung in der Kindheit entspringt dem Gefühl, dass jemand anders bevorzugt wird. Es ist für einen Menschen nicht möglich, ohne Empörung und Verunsicherung die Position desjenigen länger einzunehmen, der auf eine niedrigere Stufe gestellt wird als ein anderer."*

Bevorzugung ist eine Familienkrankheit. Sie gehört zu den schmerzlichsten Erfahrungen im Zusammenhang mit Geschwisterrivalitäten. Es gibt allerdings Eltern, die glauben tatsächlich, dass der Wettkampf der Geschwister eine gute Vorbereitung für das Überleben in einer Welt ist, in der sich der Stärkere durchsetzt. Ich habe Familien kennengelernt, in denen die Kinder bewusst aufeinander gehetzt wurden. Aber dann war niemand da, der sich des Schadens annahm.

Um all das zu verhindern, werden Eltern gebraucht, die alle Anstrengungen unternehmen, keins ihrer Kinder den anderen vorzuziehen, und die ihre Liebe und Zuneigung mit Bedacht so gleichmäßig wie möglich verteilen.

Alle sollten Lieblinge sein

Einer meiner besten Freunde hielt anlässlich der Hochzeit seiner Tochter eine kleine Rede, wobei er ein paar Bemerkungen machte, die die Zuhörer aufhorchen ließen. Der Bräutigam brachte zwei Kinder mit in die Ehe. Zusammen mit den Kindern seiner anderen Tochter hatte mein Freund nun vier Enkel. In seiner Ansprache hieß mein Freund den neuen Schwiegersohn mit seinen Kindern in der Familie willkommen. Dann sagte er: „Deine Kinder sind für uns nun auch unsere Enkel. Manchmal wurde ich gefragt, ob ich einen Lieblingsenkel habe. Und ich verneinte dann immer. Aber dann habe ich darüber nachgedacht und bin zu der Erkenntnis gelangt, dass das gar nicht stimmt. Ich habe Lieblinge."

An dieser Stelle horchten alle auf, und seine Frau sah ihn neugierig an, als würde sie sich fragen, wie er sich da wieder hinausmanövrieren wolle. Er fuhr fort: „Mein erster Liebling ist mein erstes Enkelkind, denn er ist der Älteste, und das ist immer etwas Besonderes. Mein zweiter Enkel ist mein Liebling, weil er meinen Namen trägt. Aber auch die zwei neuen Enkel sind meine Lieblinge. Der eine geht so leidenschaftlich gern angeln wie ich. Das macht ihn zu einem Liebling. Und unsere neue Enkeltochter ist schon deshalb ein Liebling, weil sie das erste weibliche Wesen unter unseren Enkeln ist." Sie werden sich denken können, dass so manche Träne nach dieser Rede aus dem Augenwinkel gewischt wurde.

Wie friedvoll könnte es in unseren Familien zugehen, wenn jedes Kind auf seine Weise ein Liebling seiner Eltern wäre – so wie wir es in der Familie Gottes schon jetzt sein dürfen! Gott zieht niemanden vor. Wir sind alle gleichermaßen seine Favoriten. Jeder von uns ist etwas ganz Besonderes. Gott hat genug Liebe für uns alle, und so hat er uns auch alle mit seinem Sohn Jesus Christus beschenkt.

Wie steht es mit Ihnen? Waren Sie ein weniger geschätztes Kind? Dann nehmen Sie sich einen Augenblick Zeit, über folgende Fragen nachzudenken:

* *Welche Gefühle hegen Sie gegen den Liebling Ihrer Eltern?*
* *Kämpfen Sie mit diesem Geschwister auf irgendeine Weise um die Vormachtstellung?*
* *Haben Sie die Hoffnung noch nicht aufgegeben, die Liebe Ihrer Eltern doch noch ganz zu erringen?*
* *Warum wurde Ihrer Meinung nach der Bruder oder die Schwester zum Liebling der Eltern?*

Wem geben Sie die Schuld an dieser Situation?

Wiederholt sich diese Konstellation immer wieder in Beziehungen, die Sie neu knüpfen?

Welche Schritte haben Sie getan, um diesen Konflikt zu lösen und ihr Leben endlich unbeschwert führen zu können?

Die Folgen von Ablehnung überwinden

Sollten Sie selber solch ein benachteiligtes Kind gewesen sein, können Sie durchaus etwas gegen die Konsequenzen tun. Niemand findet es angenehm, übersehen zu werden – weder als Kind noch als Erwachsener. Und so wird es für manche zu einem Zwang, irgendetwas zu tun, nur um wahrgenommen zu werden. Wenn positives Verhalten den gewünschten Effekt nicht erzielen sollte, dann erscheint es oft erstrebenswerter, durch Rüpelhaftigkeit zum schwarzen Schaf der Familie zu mutieren, als überhaupt nicht wahrgenommen zu werden. Doch im Endeffekt führt mürrische Rebellion zu noch mehr Ablehnung. Und dann fällt schnell die Entscheidung, sich seine Aufmerksamkeit nicht mehr zu Hause holen zu wollen, sondern draußen auf der Straße.

Wer sich von nur einem Elternteil zurückgesetzt fühlt, wird versuchen, sich mit dem anderen zu arrangieren, sofern es auch nur den geringsten Hinweis darauf gibt, dass von dieser Seite Annahme zu erwarten ist. Leider führt so etwas in vielen Fällen zu familiären Verstrickungen, die am Ende den Schaden viel größer machen.

Wer von seinen Eltern nicht wirklich geliebt wird, behält meist Wunden zurück. Jede Wunde jedoch, die versorgt wird, heilt auch wieder. Deshalb ist es so wichtig, all die Ablenkungsmanöver zu unterlassen, die uns bisher geholfen haben, die Lieblosigkeit der Eltern irgendwie zu verschleiern. Man kann Besseres tun, um wieder heil zu werden. Um endlich klar zu sehen, muss man eins begreifen: Die Feststellung, dass die Eltern lieblos zu einem sind, sagt maßgeblich etwas über sie aus und nicht über einen selber! Solch ein Verhalten spricht nämlich für einen Mangel an Liebesfähigkeit der Eltern und nicht für die eigene Unwürdigkeit, geliebt zu werden.

Hören Sie auf alles, was Ihnen Selbstbestätigung gibt, und akzeptieren Sie es, wenn andere Sie annehmen. Sehen Sie sich Bilder an, auf denen Sie fotografiert sind. Und zählen Sie einmal alle positiven Merkmale auf, die Sie an sich entdecken. Machen Sie sich klar, dass nicht Sie schuld sind. Wenn es Lieblinge unter Ihren Geschwistern gegeben hat, dann sind Sie in einer ungesunden und unbiblischen Familienatmosphäre aufgewachsen.

Wie ist Ihr Verhältnis zu Eltern und Geschwistern? Ist es gesund, und profitieren Sie auch davon? Oder müssen Sie immer nur investieren, so dass Sie langsam emotional ermüden? Sollte es trotz aller Bemühungen Ihrerseits zu einer fortgesetzten seelischen Erschöpfung kommen, müssen Sie in Erwägung ziehen, sich von Ihren Angehörigen zu distanzieren. Es ist die Mühe nicht wert, Menschen zufrieden zu stellen, die nicht zufrieden gestellt werden *wollen*. Die Zurückweisung, die Sie erfahren haben, war unverdient. Konzentrieren Sie sich auf bestehende Beziehungen, die heil sind, und meiden Sie jene, in denen alte ungesunde Verhaltensmuster immer wieder auftauchen.

Viele Eltern, die ihre Kinder ablehnen, sind auf gleiche Weise von ihren Eltern vernachlässigt worden. Aber ihnen ist es niemals gelungen – weil sie es nicht wollten oder weil sie sich nicht die Zeit genommen haben –, die alten Konflikte aufzuarbeiten. Sie haben einfach nur an ihre Kinder weitergegeben, was sie empfingen. Machen Sie sich bewusst, dass auch Sie am Ende Gefahr laufen, Ihre eigenen Frustrationen an die Nachkommen weiterzugeben.

Wenn Sie zu wenig Zuwendung von Ihren Eltern bekamen, dann könnte es auch daran gelegen haben, dass die beiden noch zu jung und unreif waren. Sie waren noch nicht bereit, die Elternrolle zu übernehmen. Wer geschlechtsreif ist, kann gewöhnlich Kinder zeugen und zur Welt bringen. Aber das ist ja noch der leichteste Teil. Es fällt uns normalerweise nicht in den Schoß, mit Kindern tagtäglich umzugehen, sie zu lieben und all ihren Bedürfnissen zu entsprechen. Vielleicht waren Ihre Eltern einfach nur überfordert. Es war *ihre* Schwäche, Sie nicht lieben und umsorgen zu können. Gutes Erziehen erfordert Charakterstärke, Reife, Weisheit und Geduld. Es könnte doch sein, dass all das Ihren Eltern noch fehlte.

Aus welchem Grund auch immer Ihre Eltern Sie abgelehnt haben, es könnte befreiend für Sie wirken, wenn Sie sich in Gedanken vom Urteil ihrer Eltern unabhängig machen. So könnten Sie zu sich selber sprechen: *Es wäre schön, wenn meine Eltern mir wohlgesinnt wären, aber es bringt mich nicht um, wenn sie es nicht sind. Gott ist mir wohlgesinnt, andere meinen es gut mit mir, und auch ich bin mir gut. Ich werde niemals perfekt sein. Und ich muss es auch nicht sein. Gott hat sich meiner angenommen und mir seinen Sohn zum Geschenk gemacht.*

Wenn Sie mit Ihrer inneren Heilung vorankommen wollen, müssen Sie sich erst ganz und gar darüber klar werden, was Ihre Eltern eigentlich von Ihnen erwartet haben. Zählen Sie nun auf, was Sie umgekehrt von Ihren Eltern erwartet haben. Schreiben Sie die Antworten auf folgende Fragen auf ein Blatt Papier:

1. *Was haben die Eltern von Ihnen erwartet? Schreiben Sie alles auf, was Ihnen einfällt, und ordnen Sie die Punkte nach den Prioritäten Ihrer Eltern.*
2. *Was erwarten Sie von sich selber? Welche Erwartungen sind wirklich Ihre und welche haben Sie nur von Ihren Eltern übernommen?*
3. *Was erwarten Sie von Ihren Eltern?*
4. *Welche Punkte aus unserer ersten Frage haben Sie bereits mit Ihren Eltern besprochen?*
5. *Haben Sie jemals mit Ihren Eltern darüber gesprochen, dass Sie sich zurückgesetzt gefühlt haben? Mit manchen Eltern kann man so etwas besprechen, mit anderen leider nicht. Das müssen Sie herausfinden.*

Es gibt immer wieder Menschen, die ihr ganzes Leben lang schmollend die Rolle des ungeliebten Kindes spielen. Sie müssen dafür jedoch einen hohen Preis zahlen. Es fällt nicht leicht, ist aber von immenser Bedeutung, die Vorstellung aufzugeben, man könne die Eltern ändern. Sind Ihre Eltern unzufrieden und unausgeglichen, dann sind *Sie* kaum die Ursache. Die Wurzeln liegen in ihrer eigenen Vergangenheit. *Sie* sind nicht das Handikap. Sie können nicht dafür verantwortlich gemacht werden, was den Eltern in ihrer Kindheit vorenthalten wurde. Sie können nicht wieder gutmachen, was ihnen an Schrecklichem widerfahren ist. Sie können aber Ihr eigenes Leben führen und gestalten und es zulassen, dass Jesus Christus Ihre Kraftquelle wird.

Achten Sie darauf, dass Sie nicht immer wieder alte Wunden aufreißen, indem Sie sich so verhalten wie damals. Suchen Sie Annahme, Zuneigung und Liebe bei denen, die in der Lage sind, sie zu geben. Dazu gehört auch, dass Sie anfangen, sich selber anzunehmen und zu lieben!

Wenn Sie selber ein Liebling sind

Wenn Sie sich auf der anderen Seite des Zaunes befinden – also selber ein Liebling Ihrer Eltern sind –, dann haben Sie Ihre ganz eigenen Probleme. Es trifft natürlich zu, dass Bevorzugung das eigene Selbstwertgefühl und die eigene Identität stärkt. Dennoch könnte es sein, dass sie einen hohen Preis dafür zahlen müssen. Ein Liebling der Eltern läuft immer Gefahr, sich als Herr über die anderen Geschwister zu fühlen – so wie Josef. Und wir haben gesehen, was für Folgen das hatte. Das bevorzugte Kind kann aber auch Schuldgefühle entwickeln, weil es im tiefsten Innern spürt, dass die Ungleichbehandlung nicht gerecht ist. Diese Schuldgefühle vermitteln dem Kind das Empfinden, auf irgendeine Weise den Eltern verpflichtet zu sein. Und so kann es geschehen, dass solch ein Kind abhängig von den Gunstbeweisen seiner Eltern wird.

Denken Sie immer an Josef

Sie denken vielleicht, dass es doch eigentlich eine gute Sache ist, der Liebling der Eltern zu sein. Wenn das so ist, sollten Sie sich das Schicksal von Josef vor Augen halten. Er wurde gefesselt, in eine Zisterne geworfen und in die Sklaverei verkauft. Wenn Sie ein Liebling sind, können auch Sie ein Sklave werden. Es kann nämlich passieren, dass der Zwang zum Wohlverhalten Sie versklavt. Vielleicht möchten Sie hier und da mal ausbrechen und eigene Wege gehen. Was aber geschieht, wenn Sie das Wohlwollen Ihrer Eltern verlieren? Sie stehen ständig unter einem gewissen Leistungsdruck. Irgendwann werden Sie das Gefühl nicht mehr los, dass sie die besondere Zuneigung Ihrer Eltern immer nur durch Leistung erkaufen müssen. Sie stehen plötzlich vor der Alternative, den Erwartungen zu entsprechen oder alles zu verlieren.

Zu hohe Erwartungen

Die Nachteile, ein Liebling zu sein, sind meist größer, als man denkt. Die Erwartungen, die auf einem lasten, können gewaltig sein. So hat z.B. mancher Vater seinen Sohn zu athletischen Höchstleistungen getrieben, die er selber nie erreichen konnte. Es gibt Eltern, die allein dem Kind ihre ganze Aufmerksamkeit schenken, das gut in der Schule vorankommt. Es wird nach Kräften gefördert, während die weniger begabten Geschwister links liegen gelassen werden. Ich kenne wohlhabende Eltern, die einen Sohn auf eine Privatschule schickten und die Geschwister auf Hauptschulen verkümmern ließen, obwohl sie alle das Zeug zum Studium an einer Universität gehabt hätten.

Als Liebling der Eltern läuft man immer Gefahr, zu erwarten, von allen anderen genauso bevorzugt zu werden. Da das aber nicht geschehen wird, lebt man mit ständigen Enttäuschungen.

Vielleicht haben Sie gar keine rechte Vorstellung davon, warum Sie vorgezogen worden sind. Und weil Sie keine Gründe erkennen,

65

sehen Sie auch Ihre Stärken und Talente nicht. Ich habe mit Menschen gesprochen, die sich fragten, was ihre Eltern an ihnen so schätzten. Sie selber entdeckten an sich überhaupt nichts Wertvolles. Eltern tun jedenfalls ihren Kindern keinen Gefallen, wenn sie sie zu ihrem Liebling erwählen.

Wenn Sie glauben, ein Liebling Ihrer Eltern gewesen zu sein, dann sollten Sie folgende Fragen beantworten:

* *Glauben Sie, irgendetwas getan zu haben, wodurch Sie zum Liebling Ihrer Eltern geworden sind?*
* *Haben Sie bewusst Vorteile aus Ihrer bevorzugten Position gezogen?*
* *Wie sind Sie mit ihren weniger geliebten Geschwistern umgegangen?*
* *Wie haben Sie reagiert, wenn Sie mitbekommen haben, dass Ihre Eltern Geschwister ungerecht und ablehnend behandelt haben?*
* *Wie hat diese bevorzugte Position Einfluss auf Ihren Umgang mit anderen Menschen? Was erwarten Sie von anderen?*
* *Haben Sie schon über Ihre bevorzugte Position und die Benachteiligung Ihrer Geschwister mit anderen gesprochen?*
* *Was haben Sie bisher getan, um Ihr Leben und das Verhältnis zu den Geschwistern auf eine gesunde Basis zu stellen?*

4. Rollenspiele

In Hollywood, der Hauptstadt der Filmindustrie, hat jedes größere Studio seine Casting-Abteilung. Die Mitarbeiter dort sind hauptsächlich damit beschäftigt, die richtigen Schauspieler für die benötigten Rollen zu finden. Wenn dafür geworben wird, melden sich viele zum Vorsprechen. Die Aufgabe besteht darin, die Charaktere so zusammenzustellen, dass eine glaubwürdige und gut miteinander harmonierende Schauspielertruppe entsteht.

Etiketten

Auch in einer Familie geht es manchmal zu wie in einer Casting-Abteilung. Den einzelnen Mitgliedern werden aus Bequemlichkeit oder Notwendigkeit ganz bestimmte Rollen zugewiesen. Dabei stellt man immer wieder fest, dass die Kinder Rollen je nach Position in der Geschwisterreihe, Temperament und Geschlecht zugeordnet bekommen. Aber das sind dann meist nicht Rollen „für einen Film", sondern sie werden normalerweise dauerhaft übernommen. Einige Rollen sind förderlich und gut, während andere eher Schaden anrichten. Und gerade die den Kindern zugedachten Rollen entsprechen häufig den ihnen allzu eilfertig angedichteten Eigenschaften.

Schon früh bekommen sie Etiketten aufgeklebt. Wir sind heutzutage allenthalben von etikettierten Dingen umgeben. Der Aufkleber verrät uns erst, ob wir das Richtige in Händen halten. Gehen wir Hosen, Blusen oder Jeans einkaufen, dann suchen wir doch meist sehr schnell nach dem anhängenden Preisschild. Lebensmittel suchen viele häufig nach der Verpackung aus. Etiketten, Aufkleber und Verpackungen bestimmen also unser Leben mit.

Leider etikettieren wir auch häufig andere Menschen. Und wenn jemand erst einmal mit einem Label „beklebt" ist, wird er ihn womöglich ein ganzes Leben lang nicht mehr los. So erzählte mir eine Frau:

Ich trage nicht nur Sachen mit Etiketten – auch an mir selber haftet eins. Meine Eltern haben es mir aufgeklebt, und meine Geschwister waren stets darauf bedacht, dass es – wie ihre eigenen – schön fest haftet. Normalerweise habe ich das Gefühl, dass es mir auf dem Rücken tätowiert ist, und nur ich kenne seinen Inhalt – bis ich mit meiner Familie zusammentreffe. Dann meine ich, es sei deutlich für jeden sichtbar auf meiner Stirn, und jeder könne es lesen. Ich kann mich nicht erinnern, jemals ohne dieses Etikett gelebt zu haben. Die Eltern haben sie uns so früh wie möglich aufgeklebt. Ich denke, dass wir dadurch für sie berechenbarer wurden. Und das bedeutete ein Stückchen mehr Sicherheit für sie. Ich habe einen Freund, der Einzelkind ist. Auch er trägt seinen Aufkleber, aber irgendwie hat er es damit besser getroffen als ich mit meiner Familie.

Es ist schon bemerkenswert, wie schnell Kinder in bestimmte Schubladen gesteckt werden. Schon in den ersten Lebensmonaten hört man Mama und Papa sagen: „Er ist viel wacher als sie in seinem Alter." Oder: „Im Vergleich zu ihm ist sie ein richtiger kleiner Rüpel." Es fällt gar nicht so leicht, solche Vergleiche zu unterlassen, denn jedes weitere Kind wird fast automatisch vor dem Hintergrund gemachter Erfahrungen mit den Geschwistern gesehen. Und so beurteilt man dann dessen ganze Entwicklung. Wie wird sich da das fünfte Kind fühlen, wenn es ständig mit den ersten vier Geschwistern verglichen wird?

So sicher, wie aus der Puppe ein Schmetterling kriecht, so sicher wird aus dem Vergleich ein Etikett. Manche Etiketten sind harmlos, andere dagegen tun weh, weil sie nur das ausdrücken, was die Eltern an ihrem Kind *nicht* sehen. Ein solches Etikett sagt dann im Grunde gar nichts über den Inhalt der Verpackung aus. Die Fähigkeiten und Stärken des Kindes bleiben unerwähnt.

Ein Etikett ist also keineswegs immer ein positives Mittel zur

Identifikation. Bei uns Menschen hat solch ein Aufkleber auch noch die Eigenschaft einer Tinktur, die nicht nur an der Oberfläche bleibt, sondern allmählich in die Haut einzieht. So bestimmt solch ein Aufkleber nach und nach das Selbstbild des Kindes. Es beginnt, sich nach den Aussagen seines Etiketts zu entwickeln, und es formt sich eine Rolle, die dieser Mensch wahrscheinlich ein Leben lang spielen wird.

Es ist meist keine böse Absicht, wenn Eltern ihre Kinder auf die eine oder andere Weise etikettieren. Oft geht es ihnen ja tatsächlich darum, positive Eigenschaften herauszustreichen oder Geschwisterrivalitäten in geordnete Bahnen zu lenken. Es kann nicht schaden, ein Kind zum „kleinen Kavalier", zum „Helfer" oder zur „Köchin der Familie" zu machen. Aber man muss aufpassen. Solche Titel können schnell zur sich selbst erfüllenden Prophezeiung werden. So könnte es nämlich für den Heranwachsenden zum Problem werden, noch immer „der kleine Kavalier" oder „die Köchin der Familie" sein zu müssen.

Er riss das Etikett ab und begann ein neues Leben

Sie kennen wahrscheinlich Mark Twain. Viele von uns haben sein Buch über Tom Sawyer und Huck Finn gelesen. Aber Mark Twain war gar nicht sein richtiger Name. Dieser berühmte Autor hieß eigentlich Samuel Clemens. Der kleine Samuel wurde schon sehr früh in Gegenwart seiner Geschwister als schwarzes Schaf der Familie abgestempelt. Mit diesem Etikett wollte er aber nicht auf Dauer leben. Und so lief er von zu Hause weg – in der Hoffnung, eines Tages jemand zu sein, auf den man stolz sein konnte.

Samuel schloss sich den Männern an, die die Raddampfer auf dem Mississippi bauten. In dieser Zeit schuf er seine Charaktere Tom Sawyer und Huck Finn. Seine eigenen Abenteuer verwob er mit erdachten Geschichten. Er war glücklich mit diesem Leben am Fluss. Schließlich nahm er sogar noch einen anderen Namen an. Die Flussschiffer, die die Wassertiefe ausloteten, riefen damals dem

Steuermann zu: „Quarterless Twain! By the Mark! Maaaark Twain!"
Und da dachte er sich, dass dieser Name zu ihm passen würde.
Und fortan nannte er sich Mark Twain.

Als Samuel Clemens lebte er in der Rolle, die ihm seine Familie
zugedacht hatte. Inzwischen aber war der Fluss seine Familie geworden, und indem er seinen Namen änderte, wurde er zu einer
berühmten Persönlichkeit, die uns große amerikanische Literatur
zum Geschenk machte.

*Wenn wir uns unseren Etiketten entsprechend verhalten, wird da-
raus Realität. Wir können sogar lernen, sie als bequemen Vorwand
für unsere Unzulänglichkeiten und Charakterschwächen zu gebrauchen.*

Im Idealfall sollten in einer Familie keine Etiketten verteilt werden.
Aber wir leben leider in keiner idealen Welt, und so müssen wir
auch mit unseren Aufklebern leben. Wenn wir uns unseren Etiketten entsprechend verhalten, wird daraus Realität. Wir können sogar lernen, sie als bequemen Vorwand für unsere Unzulänglichkeiten und Charakterschwächen zu gebrauchen.

Die Etiketten erkennen

Waren Sie auch bereits als Kind abgestempelt? Tragen Sie diesen
Aufdruck noch heute? Können Sie sich ausmalen, wie es wäre, ohne
Etiketten zu leben? Haben diese Sie eher gefördert, oder waren sie
eine Belastung? Hat sich daran etwas im Laufe der Zeit geändert?
Mit welchen Begriffen würden Sie sich heute charakterisieren? Wie
würden Ihre Geschwister Sie beschreiben? In welche Schubladen
hat man Ihre Geschwister gesteckt? Wer in Ihrer Familie hat unter
diesen Vorurteilen am meisten gelitten? Wir haben einmal eine
Wortliste erstellt, die Ihnen helfen soll, schneller all jene Begriffe
zu finden, mit denen Sie oder Ihre Geschwister charakterisiert und
abgestempelt wurden. An welche können Sie sich erinnern?

intelligent dumm athletisch unsportlich
kreativ musisch attraktiv hübsch einfach
gehorsam aufmüpfig unangepasst gewöhnlich
still schwärmerisch materialistisch pragmatisch
opportunistisch pessimistisch optimistisch aufbrausend
fröhlich begabt depressiv selbstgerecht
habgierig reizbar schüchtern aggressiv intrigant
kontaktfreudig gleichmütig beherrscht
selbstständig charmant leistungsorientiert emsig
kooperativ ordentlich liederlich kritisch
verantwortungsbewusst unzuverlässig einfühlsam hektisch
rachsüchtig nachgiebig faul gut schlecht
ehrlich hinterhältig kontaktfreudig anständig
asozial verschlagen geradeheraus praktisch unnahbar
geschwätzig überschwänglich rechthaberisch aufdringlich ruhig
großzügig neugierig auftrumpfend eifersüchtig
selbstkritisch kompetent inkompetent autoritär
unselbstständig eigenbrötlerisch gesittet flegelhaft
feinfühlig kratzbürstig introvertiert sparsam

Auch wenn Sie die Rolle, die man Ihnen in der Kindheit aufgezwungen hat, nicht mögen, so werden Sie sich doch ein Leben lang damit auseinander setzen müssen. Sie ist nämlich tief in Ihrem Gedächtnis eingegraben. Sie haben „Ihren Text" gut gelernt, und Sie wissen genau, welche Rolle die anderen Familienmitglieder zu spielen haben. Sie werden mit dieser Rolle leben müssen, sofern Sie sich nicht einer Radikalkur unterziehen. Sonst werden Sie Ihren gelernten „Text" immer und immer wieder abspulen. Vielleicht ist es Ihnen noch nicht aufgefallen, aber Sie fühlen sich auch noch zu den Menschen hingezogen, bei denen Sie Ihre Rolle spielen können oder sogar dazu gezwungen werden. Wer war in Ihrer Familie fürs Casting, also für die Vergabe der Rollen verantwortlich? Wer spielte die Hauptrolle, wer war der Held und wer der Bösewicht? Ein 47-jähriger Mann erzählte mir:

Ich habe mich immer wieder gefragt, wie meine Brüder und ich eigentlich unsere speziellen Rollen bekommen haben. Ob wohl schon vor unserer Geburt eine Liste bestand, die unsere Eltern dann jeweils vornahmen, um ein paar Tage darüber zu diskutieren, welche Rolle dem Neugeborenen zu vergeben sei? Jeder von uns kann tatsächlich ziemlich genau sagen, welche Rolle ihm zugedacht wurde. Wir haben es hingenommen und können sogar unsere Späße darüber machen. Manchmal schließen wir Brüder uns vor einem Familientreffen kurz, und dann verabreden wir einen spontanen Rollentausch, um unsere Eltern und Verwandten ein wenig aus dem Konzept zu bringen. Das macht uns immer einen Riesenspaß, wenn die anderen nicht mehr wissen, was los ist. Sie wissen nicht, wie sie sich verhalten sollen. Doch obwohl wir genaue Verabredungen treffen, stellen wir immer wieder fest, dass wir nach ein paar Stunden ganz automatisch in unsere üblichen Rollen zurückfallen. Ich denke, dass wir unsere alten Mäntel nie ganz ablegen werden. Sie sind uns zu gut auf den Leib geschneidert worden.

Die Rollen und ihre Variationen

In der Musik kennen wir die Variation. Da werden Themen mehr oder weniger stark verändert und verfremdet. Wer gute Ohren hat, erkennt jedoch immer die eigentliche Melodie, sie wird aber unterschiedlich präsentiert. So kann z.B. die Rolle des Versorgers ganz unterschiedlich ausgelebt werden: sanft und mit Herzensgüte oder tyrannisch dominant.

Ihre Rolle hilft Ihnen, sich in Stresssituationen leichter zu orientieren und plausible Erklärungen für eigene Verhaltensweisen zu finden. Und auch Ihre Mitmenschen wissen immer gleich, woran Sie bei Ihnen sind. Man sieht Sie kommen und sagt sich: „Ach, da kommt ja Markus, das schwarze Schaf (der Faulpelz, der Gernegroß, das Arbeitstier)." Jeder weiß, was er zu erwarten hat und wie er sich verhalten muss.

Rollen sorgen für Balance

Rollen geben dem Familienleben Struktur und Ausgewogenheit. Doch sobald sich jemand in diesem System verändert bzw. es verlässt, gerät das ganze fein ausgewogene Zusammenspiel oft aus den Fugen. Solche verändernden Ereignisse könnten ein nicht bestandenes Examen, plötzlicher Drogenkonsum, eine Bekehrung zum Glauben oder ein Wechsel der Werte bei einer Person sein. Wenn jetzt keine bewusste Neuorientierung vorgenommen wird, besteht die Gefahr, dass das Familiensystem nachhaltig gestört wird.

Bestimmte Rollen sind mit festen Aufgaben verbunden: Mutter, Vater, Großeltern, Bruder oder Schwester – jede Kultur hat für diese gesellschaftlich festgelegten Rollen meist stereotype Aufgaben vorgesehen. Sind Sie sich aber bewusst, dass in jeder Familie auch eine Reihe individueller Rollen vergeben werden? Diese meist spontan entstehende Aufgabenverteilung dient dem inneren Zusammenhalt der Familie und dem Spannungsabbau. Wesen und Charakter der beteiligten Persönlichkeiten bestimmen weitgehend, wer welche Rolle übernimmt.

Damit Sie Ihre Angehörigen etwas besser verstehen und einordnen können, wollen wir uns einige dieser individuellen Rollen etwas näher ansehen.

Die Vermittler

Einer in der Familie ist meist der Vermittler, an den sich alle wenden, wenn es Konflikte gibt. Man spricht dieser Person besondere Fairness zu. Meistens wird dies einer der Eltern sein. Es kann aber auch vorkommen, dass sich bereits eins der Kinder dafür qualifiziert. Diese Person ist der Problemlöser.

In diesem Zusammenhang erzählte mir ein Mann: „Ich fühle mich wie ein amtlich bestellter Schlichter und bin ständig damit beschäftigt, für meine Familie die Kastanien aus dem Feuer zu holen. Doch es zeigt auch Wirkung. Hinterher geht es bei uns wieder richtig friedlich zu." Es war ein ausgesprochen empfindsamer junger Mann, der mit seinen zwei älteren Geschwistern große Probleme hatte, weil sie ständig äußerst heftig aneinander gerieten.

Wurde in Ihrer Ursprungsfamilie auch die Aufgabe des Vermittlers vergeben? Wer war es? Spielt diese Person noch heute bei Familienzusammenkünften diese Rolle? Wie gut hat er oder sie diese Aufgabe erfüllt? Wenn niemand als Vermittler tätig wurde, hat dann das Chaos regiert? Wer ist jetzt in Ihrer Familie der Vermittler? Eins der Kinder oder der Partner? Ist im Augenblick die richtige Person mit dieser Aufgabe betraut?

Was wäre, wenn Ihr gegenwärtiger Vermittler plötzlich aussteigen würde? Wäre der Rest der Familie in der Lage, Streit zu schlichten? Sollte es in einem Familiensystem keinen „hauptamtlichen" Schlichter geben, so springen meist andere ein, um Spannungen abzubauen (vielleicht der Familienclown, der Sündenbock oder der Aufpasser).

Der Animateur

Die Animateure lieben es, im Mittelpunkt zu stehen. Sie arrangieren das soziale Leben der Familie. Sie bestimmen, was, wann, wo unternommen wird. Sie sind das Bindeglied der Familie zur Außenwelt, weil sie meist die Kontaktfreudigsten sind.

Wer passte zu dieser Rolle in Ihrer Familie? Wenn es eins der Kinder war, hat er oder sie diese Rolle noch heute in der eigenen Familie inne? Und wie sieht es in Ihrer Familie heute aus? Befindet sich ein solcher Animateur oder Entertainer in Ihrer Mitte? Was denken die anderen über diese Person?

Der gute Geist

Der gute Geist sorgt für das emotionale Gleichgewicht und das Zusammengehörigkeitsgefühl in der Familie. Weil es das Bestreben dieser Personen ist, die Familie um jeden Preis vor Schaden zu bewahren, ist er zu fast allem bereit, um den Frieden zu erhalten. Sein Ziel ist es, Konflikte aus der Welt zu räumen und jedem unter die Arme zu greifen. Wenn allerdings der gute Geist uneingeschränkt das Sagen hat, besteht die Gefahr, dass Probleme allzu oft unter den Teppich gekehrt und nicht gelöst werden. Diese Menschen werden oft von Angst getrieben. Sie befürchten, dass Angehörige ohne sie unter die Räder kommen. Gleichzeitig haben sie Angst davor, nicht mehr gemocht und verstoßen zu werden.

Tim war Sandwich-Kind. Er beschrieb seine Rolle wirklich sehr treffend: „Ich habe manchmal das Gefühl, Soldat einer UN-Eingreiftruppe zu sein, deren Aufgabe es ist, die kleinen Scharmützel überall auf der Welt zu beenden und dann den Frieden zu erhalten."

Gab es solch einen guten Geist bei Ihnen in der Familie? Wer war das? Ein Bruder oder eine Schwester? Wenn Sie dieser Friedensstifter waren, tragen Sie dann noch irgendwelchen Groll mit sich herum, weil man Ihnen diese Aufgabe vielleicht zugewiesen hat? Erinnern Sie sich noch an bestimmte Konflikte, die um des lieben Friedens willen regelmäßig unter den Teppich gekehrt wurden? Wer hat diese Rolle in Ihrer derzeitigen Familie übernommen? Haben Sie sich schon einmal überlegt, welche heimlichen Ängste in diese Rolle treiben?

Der Macher

Der Macher in Ihrer Familie war die Person, die immer gesagt hat: „Gib mal her, ich mache das schon!" Macher haben ein überdurchschnittliches Verantwortungsbewusstsein, das sie zuweilen erbarmungslos antreibt. Sie übernehmen den größten Teil der anfallenden Aufgaben in der Familie. Sie sorgen unermüdlich dafür, dass Rechnungen pünktlich bezahlt werden, der Kühlschrank immer voll ist, alle gebügelte Sachen tragen und jeder immer dorthin chauffiert wird, wo er es gerade braucht. Manche übertreiben dabei, indem sie das Leben gleich aller Familienmitglieder managen und bestimmen wollen.

An die Macher in unserer Kindheit können wir uns gewöhnlich sehr gut erinnern. Wenn es etwas zu tun gab, waren sie immer dabei. Hat Ihre Familie davon profitiert? Hat der oder die Betreffende die selbst auferlegte Last freudig getragen oder ständig über die ungerechte Lastenverteilung geklagt? Gibt es auch heute in Ihrer Familie wieder solche Macher? Sind Sie mit dem gegenwärtigen Arrangement zufrieden? Was würden Sie gegebenenfalls verändern wollen?

Der Übereifrige

Die Leistungen und Erfolge des Übereifrigen bedeuten Prestige und Ansehen für die ganze Familie. Es ist für den Übereifrigen zur Sucht geworden, anderen zu Diensten zu sein. Die Wertschätzung, die diese Personen genießen, überträgt sich auf alle Personen in der Familie.

Die vorherrschende Gemütslage des oder der Übereifrigen ist die depressive Verstimmung. Wie ein Fußballspieler, der Libero, Stürmer und Verteidiger gleichzeitig sein will, ist auch der Übereifrige in der Familie oft völlig überfordert. Da zu viele Forderungen trotz begrenzter Ressourcen gestellt werden, ist Erschöpfung die Folge.

Der Schaden wird noch größer, wenn das übereifrige Kind auch noch die Rolle eines Elternteils übernimmt. Das geschieht immer wieder, wenn das Verhältnis zwischen den Eltern nicht mehr intakt ist. Das Paar lebt zwar noch zusammen, aber es fehlt die persönliche Nähe. Man lebt eher wie zwei Singles zusammen. Einige Kinder opfern bei dieser Ausgangslage ihre Kindheit, indem sie für ein Elternteil den Ersatzpartner spielen oder für sich selbst und die Geschwister eine Elternrolle übernehmen und damit viel zu viel Verantwortung für ihr Alter tragen. Das Kind wird überfordert. Als Erwachsene behalten diese Menschen entweder ihren Übereifer bei, oder aber sie wollen im Gegenteil nie wieder Verantwortung tragen. Gab es solch einen Übereifrigen auch in Ihrer Familie?

Der Clown

Der Familienclown lockert die Atmosphäre durch Späße und so manchen Schabernack auf. Gerade wenn es ernst wird, sind diese Menschen immer noch zu Späßen aufgelegt. Ihre lebenslustige Art hilft also, den Schrecken so mancher Bedrängnis zu mildern. Die Späße sind es, die dem Clown die Aufmerksamkeit sichern, die er auf andere Weise nicht verdienen würde. Ein alter Mann erzählte mir einmal: „Ich bekam viel Aufmerksamkeit. Und selbst wenn meine Mutter so richtig wütend auf mich war, kam ich oft mit einem blauen Auge davon. Ich konnte sie eigentlich immer zum Lachen bringen."

Die Spaßmacher sind meist auch die Liebenswertesten. Dennoch ist der Preis, den sie für ihre Rolle zahlen müssen, in vielen Fällen hoch. Gab es früher in Ihrer Familie den Kasper und den Clown? Sind diese Personen noch heute in der Lage, Sie zum Lachen zu bringen und Sie aus einem Stimmungstief zu holen? Wie sieht es in Ihrer Familie heute aus? An welcher Stelle der Geschwisterreihe steht Ihr Familienkasper?

Der heimliche Drahtzieher

Dies sind die heimlichen Herrscher in der Familie, die es meist schon früh gelernt haben, durch Manipulation anderer ihren Willen aufzuzwingen. Sie verstehen es, zu verführen, sich einzuschmeicheln, krank zu spielen und den Unbedarften zu mimen. Sie sind sich oft nicht für den ausgekochtesten Trick zu schade, nur um an ihr Ziel zu kommen.

Denken Sie einmal nach. War unter Ihren Geschwistern einer, der früher diese Rolle gespielt hat? Was haben Sie damals empfunden, wenn Sie der oder die Manipulierte waren? Tragen Sie noch unverarbeiteten Groll deswegen in sich? Gibt es heute in der Familie wieder den heimlichen Drahtzieher? Wie stehen Sie zu dieser Person?

Der Nörgler

Die notorischen Kritiker sind negativen Typen, die sich begierig auf jeden irgendwo gemachten Fehler stürzen und bei denen das Glas immer halb leer, aber niemals halb voll ist. Charakteristisch für ihr Verhalten sind ihr Sarkasmus, das Verteilen von Spitzen und ihre Wehleidigkeit. Sie setzen ihre Kraft hauptsächlich dafür ein, andere herunterzuziehen, statt sie aufzubauen. Man hält sich zwar nicht gern in der Nähe von notorischen Nörglern auf, aber manchen Familien gelingt es, einen solchen Zeitgenossen in der eigenen Mitte zu dulden.

Wie sah es in Ihrer Kindheit aus? Gab es den ewigen Nörgler? War es Mutter oder Vater, eins der Geschwister, der Großvater, die Großmutter? Gibt es schmerzliche Erinnerungen an völlig unberechtigte Kritik? In manchen Familien ist das Aufspüren von Fehlern zu einer Manie geworden, so dass nicht der kleinste Fehltritt unbemerkt bleibt. Kennen Sie das, ständig das Gefühl zu haben, wie auf rohen Eiern zu gehen? Gibt es auch heute wieder in Ihrer Familie den notorischen Nörgler? Wirkt sich dieses Verhalten eher schädlich aus, oder könnte es in Ihrer Familie sogar irgendeinen positiven Zweck erfüllen? Was kann man tun, um die Situation zu verbessern?

Der Sündenbock

Die Sündenböcke übernehmen die Opferrolle in der Familie. Wie ein Magnet ziehen sie alle Schuld auf sich. Und so steht jeder andere gleich viel besser da. Der Rest der Familie glaubt nun tatsächlich, dass man – wäre da nicht das schwarze Schaf – ziemlich perfekt ist.

Jede Rolle erfüllt eine ganz spezielle Aufgabe innerhalb der Familie. Und der Sündenbock bildet da keine Ausnahme. Wenn man untereinander im Streit liegt und jeder seine Waffe im Anschlag hält, dann steht der Sündenbock auf und verkündet: „Hier bin ich! Schießt alle auf mich!" Und dieser Aufforderung kommen oft genug alle gleich nach. Das Kind lenkt das Feuer auf sich, um alle anderen zu schützen. Es ist so, als würde der Sündenbock mit einem Schild herumlaufen, auf dem steht: „Wut-Container – Bitte oben einwerfen".

Der Betreffende hat nun die Wahl, den eingeworfenen Ärger aufzustauen oder aber sich seiner durch eigene Wutausbrüche zu entledigen. Doch sollte der Sündenbock einmal versuchen, seine Rolle wieder loszuwerden, dann wird der Rest der Familie es nicht zulassen. Solange der Sündenbock seine Aufgabe erfüllt, haben die anderen Familienmitglieder jemand, bei dem sie all ihre Schuldgefühle abladen können.

Der Begriff *Sündenbock* entstammt übrigens der Bibel. Im Alten Testament wurden zwei Böcke für den Opferdienst ausgesucht, die für die Sünden des Volkes sühnen mussten. Durch das Los wurde dann einer der beiden als Sündenbock bestimmt. Symbolisch lud man ihm all die Sünden und Fehltritte des Volkes auf. Dann schickte man ihn hinaus in die Wüste. Der zweite Bock, der als rein angesehen wurde, diente später als besonderes Opfer für den Herrn.

In der Familie geht man eigentlich ähnlich vor. Auch hier wird gern ein Sündenbock ausgewählt. Ihm wird alles, was schief läuft, aufgeladen, und dann schickt man ihn oder sie im übertragenen Sinne auch noch in die Wüste, d.h. man schließt ihn aus der Gemeinschaft aus. Dies betreiben zumeist die Eltern, und die anderen Geschwister schließen sich mit einiger Wahrscheinlichkeit an.

Ralph war in seiner Kindheit solch ein Sündenbock. Er selbst nannte sich allerdings nicht so. Er sprach lieber vom „schwarzen Schaft der Familie." Seine Gedanken zur eigenen Rolle sind recht aufschlussreich:

Ich weiß nicht, warum man ausgerechnet bei mir so viel abgeladen hat. Ich glaube nicht, dass ich selber viel dazu beigetragen habe. Selbst meine Brüder und Schwestern waren im Grunde ahnungslos. Dennoch wurde es immer schlimmer. Irgendwann habe ich mich damit abgefunden, denn alles, was ich versuchte, um mein Image loszuwerden, schlug fehl. Es war irgendwie schlimmer, nicht ihren Erwartungen zu entsprechen, als dauernd der Böse zu sein. Es ist sicher schwer, das nachzuvollziehen. Aber ich fühlte mich am Ende besser, wenn ich der Sündenbock war.

Auch wenn die Sündenböcke oft ein dickes Fell zu haben scheinen, so sind sie in Wahrheit doch in vielen Fällen die Empfindsamsten in der Familie. Gerade weil sie so sensibel sind, merken sie Unstimmigkeiten sofort. Und der Stress, der sich dann aufbaut, wird durch auffälliges Fehlverhalten abgebaut. Damit wollen sie den Rest der Familie wachrütteln, endlich etwas gegen die Spannungen zu unternehmen, die sich zu Hause aufgebaut haben.

Wenn es die Kinder sind, die diese Rolle übernommen haben, fühlen sie sich oft in die Pflicht genommen, die Ehe der Eltern zusammenzuhalten. Spüren sie Spannungen zwischen den Erwachsenen, benehmen sie sich auffallend daneben. Das ist dann Ausdruck ihres Bemühens, die Eltern durch die Ungehörigkeiten zu einer Art Solidarisierung zu zwingen.

Man kann mit einer gewissen Sicherheit voraussagen, ob in einer Familie ein Sündenbock gesucht und gefunden wird. Wenn es in Ihrer Ursprungsfamilie einen gegeben hat, dann kann man damit rechnen, dass auch in der Familie, die sie selber gründen, einer auftauchen wird. Außerdem sind Familien dafür anfällig, wenn die Mehrzahl der Beteiligten eher unsichere und wenig selbstbewusste Menschen sind. Mit einem Sündenbock meint man, seine Minderwertigkeitsgefühle besser verarbeiten zu können.

Jana war die Mittlere von fünf Kindern. Die Mutter kam mit den anderen vier Kindern recht gut zurecht. Doch sobald Jana aus den Windeln war, schien das Verhältnis zwischen Mutter und Tochter gestört zu sein. Jana war nicht das hübsche, perfekte Kind, das die Mutter erwartet und sich gewünscht hatte. Sie war eine schlechte Esserin und mäkelte an allem herum, was auf den Tisch kam. Für die Mutter war Jana störrisch, fordernd und herrschsüchtig. Wenn dann irgendetwas schief lief in der Familie – wer bekam wohl die Schuld?

Natürlich Jana. Nach einer Weile durchschauten die Geschwister dieses Verhaltensmuster und schlossen sich an. Sie begriffen, dass sie mit allen möglichen Schandtaten durchkamen, wenn sie nur rechtzeitig Jana alles in die Schuhe schoben. Die Geschwister lernten, sich mit Intrigen durchzumogeln, und Jana lernte, als Herumgestoßene zu leben. Sie glaubte irgendwann selber, dass sie schlecht war. Und wenn man sich selber verurteilt, benimmt man sich entsprechend. Man bekommt dann die Aufmerksamkeit der anderen, selbst wenn man einen hohen Preis dafür zahlen muss.

Auch die Position der Eltern in ihrer eigenen Geschwisterreihe ist häufig dafür verantwortlich, ob und in welcher Form ein Sündenbock in der Familie gesucht wird. Erstgeborene Eltern schützen eher ihre erstgeborenen Kinder. Zweitgeborene Eltern solidarisieren sich mit ihrem zweiten Kind usw. Auch ein Kind, das durch eine schwere Geburt zur Welt kam oder ein behindertes Kind bekommt eher den Schutz der Eltern, während die anderen Geschwister Gefahr laufen, in die Rolle des Sündenbocks gedrängt zu werden.

Hat jemand in Ihrer Ursprungsfamilien seinen „Dienst" als Sündenbock geleistet? Erkennen Sie heute, dass diese Personen früher als Müllschlucker der Familie allen Unrat aufnahmen? Welchem Zweck könnte das in Ihrem Familiensystem gedient haben? Können Sie sich vorstellen, dass die Betreffenden in Ihrer Rolle gelitten haben? Wer ist heute in Ihrer Familie für gewöhnlich der Sündenbock? Hat die Person jemals den Wunsch geäußert, aus dieser Rolle auszusteigen? Muss sich in diesem Bereich etwas in Ihrem Familienleben ändern?

Die Rollen werden vergeben

Wie werden solche Rollen eigentlich vergeben? Dabei wirken viele unterschiedliche Faktoren mit: die Position in der Geschwisterreihe, das Geschlecht, das Wertesystem innerhalb der Familie und ganz allgemein die Lebensumstände. Auch Sympathie und Solidarisierungen unter einzelnen Familienmitgliedern spielen eine große Rolle.

Man wird in seine Rolle durch einen oft schwer durchschaubaren psychologischen Prozess gedrängt. Er wird von Kräften angetrieben, die fast immer unbewusst bleiben. Rollen werden vergeben nach den Bedürfnissen der Eltern und nach den gerade vorhandenen Fähigkeiten und Talenten der Kinder. Oft spielen allerdings nicht die wahren Fähigkeiten eine Rolle, sondern eher das subjektive Bild, das sich die Eltern davon gemacht haben ...

Von den Kindern wird erwartet, dass sie ihre Rollen annehmen, sie verinnerlichen und sich mit ihnen arrangieren, nachdem sie sie wie ein neues Kleidungsstück anprobiert haben. Nun sollen sie sich voller Tatendrang auf ihre neuen Aufgaben stürzen. In den meisten Fällen werden sie dann auch die Rollen bekommen, in denen sie sich wohlfühlen, die ihren Talenten entsprechen und die ihr Ansehen in der Gruppe erhöhen.

Das Geschlecht bestimmt die Rolle

Ist die Geschlechtszugehörigkeit ein bestimmender Faktor, oder herrscht Gleichberechtigung bei der Vergabe von Rollen? Es fällt auf, dass Jungen eher als Sündenböcke herhalten müssen, während die Mädchen die Übereifrigen spielen oder eine Elternrolle übernehmen.

Die Position in der Geschwisterreihe bestimmt die Rolle

Wir haben schon an anderer Stelle über die Bedeutung der Position in der Geschwisterreihe gesprochen. Diese Position legt zwar nicht von vornherein fest, welche Rolle Sie übernehmen müssen, aber sie hat doch einen gewissen Einfluss auf die Rollenverteilung in der Familie.

Was schätzen Sie – wer wird mit einiger Wahrscheinlichkeit der Übereifrige sein? Wenn Sie denken, das müsse der oder die Erstgeborene sein, dann haben Sie Recht. Die Erstgeborenen sind relativ häufig die Übereifrigen in der Familie. Sind Sie allerdings das älteste männliche Geschwister in einer Familie, in der weibliche Wesen ein höheres Ansehen genießen, dann werden Sie diese Rolle nicht einnehmen, und die älteste Schwester übernimmt sie dafür.

In diesem Fall sind Sie vielleicht sogar als Erstgeborener das so genannte „verlorene Kind", das zwischen allen Stühlen sitzt. Das ist dann allerdings eine Ausnahme, denn dieses Kind „zwischen allen Stühlen" ist meist das Mittlere oder das Jüngste in einer Familie.

Wie kommt es, dass ausgerechnet das mittlere Kind häufig gleichzeitig auch das verlorene Kind ist? Ich finde die Illustration so gut, die mir einmal ein Mann gegeben hat:

Ich bin ein mittleres Kind. Und ich komme mir manchmal vor wie die Hinterräder eines Autos. So schnell ich auch rolle, ich werde die Vorderräder niemals einholen. Mein älterer Bruder wird mir immer voraus sein. Hinzu kommt noch, dass mein jüngerer Bruder ein viel leichteres Leben gehabt hat. Man hat ihm viel mehr durchgehen lassen als mir. Ich fühle mich manchmal wie eine Orangenhälfte in der Saftpresse. Von oben kriege ich Druck und auch noch von unten.

Wenn das Sandwich-Kind versucht, in einer schwierigen Familie zwischen dem Ältesten und dem Jüngsten eine Brücke zu bauen, droht es in dem Spannungsfeld zu vereinsamen und muss mit der ständigen Angst leben, von allen verlassen zu werden. Wenn dann noch der Altersunterschied zwischen allen Beteiligten sehr groß ist, werden die Bindungskräfte zwischen den Geschwistern ausgesprochen schwach entwickelt sein.

Je größer die Familie ist, desto schwerer fällt es dem mittleren Kind, eine eigene Identität zu formen. Alle guten Eigenschaften scheinen irgendwie schon vergeben zu sein. Es gibt schon die Klügste, den Sportlichsten, die Hübscheste und den Lustigsten. Was bleibt da noch übrig?

In größeren Familien sind die Vergleichsmöglichkeiten und damit der Konkurrenzkampf größer. Und umso leichter kommt eins der Kinder „unter die Räder". Ein Extremfall sind die Familien mit einer ausgeprägten Schieflage, was die Geschlechterverteilung betrifft. Sind Sie der einzige Vertreter Ihres Geschlechts unter fünf oder mehr Geschwistern, dann hat das durchaus Einfluss auf ihr eigenes Rollenverständnis – einen positiven oder negativen.

Das Einzelkind muss möglicherweise gleich mehrere Rollen übernehmen. Es ist kein Geschwister da, das den Kasper spielen oder den Sündenbock durchleiden könnte. So sind Sie vielleicht der Übereifrige mit lauter Einsen im Zeugnis und müssen doch gleichzeitig den Sündenbock spielen, wenn am Auto eine Beule entdeckt wird.

Ein Mann erzählte mir: „Ich war das einzige Kind, und meine Situation lässt sich sehr gut mit der Fernsehwerbung für Levi's Jeans illustrieren: Da wird die Hose zwischen zwei Maultiere gebunden, die dann mit aller Kraft in entgegengesetzter Richtung daran zerren. So habe ich mich mein ganzes Leben lang gefühlt: eingespannt zwischen meinen Eltern und in beide Richtungen gezerrt."

Wie sah es in Ihrer Familie aus?

Nehmen Sie sich ein Blatt Papier und notieren Sie für die Eltern die jeweilige Position in deren Geschwisterreihe. Schreiben Sie dann die Position jedes Ihrer Geschwister auf. Notieren Sie dann zu jedem Namen die Rolle, die der Betreffende Ihrer Meinung nach übernommen hatte.

Nachdem Sie sich auf diese Weise einen Überblick darüber verschafft haben, wie die Rollenverteilung in Ihrer Familie war, können Sie vielleicht die Frage leichter beantworten, warum Sie sich bestimmten Menschen gegenüber so und nicht anders verhalten.

Eine weitere wichtige Frage wäre, inwieweit Ihr Familiensystem aus den Fugen geräten, wenn eins der Kinder aus seiner Rolle ausbricht, eine andere annehmen oder gar keine Rolle mehr spielen würde.

Es sind ja gerade die verlässlichen Rollen, die so manche Familie als Ganzes zusammenhalten. Es gibt in Familien so erstarrte Strukturen, dass überhaupt kein Rollenwechsel mehr zugelassen wird. Bei dieser Ausgangslage ist es sehr wahrscheinlich, dass die Kinder diese völlige Inflexibilität mit in ihre neuen Familien nehmen. Ich kenne eine Familie, in der das Jüngste immer „meine Kleine" von den Eltern gerufen wurde – und das auch noch, als „die Kleine" bereits über dreißig war! Kennen Sie so etwas auch?

Glücklicherweise erkennen viele Familie die Neigung, Personen in ihrem System auf Rollen zu fixieren. In solchen Fällen entscheidet man sich dann ganz bewusst, mehr Flexibilität zuzulassen. Das ist immer ein Schritt zu mehr seelischer Gesundheit in der Familie. So kommt es z.B. vor, dass man bewusst zu einem bestimmten Zeitpunkt Kosenamen fallen lässt. Oft sind es die Kinder selbst, die die Initiative dazu ergreifen, weil sie der Rolle überdrüssig sind, die man ihnen mit einem Namen aufgezwungen hat.

Die Rollen unserer Kindheit können ganz unterschiedliche Auswirkungen auf unser ganzes Leben haben. Hier ein paar Zitate von Menschen, die man gebeten hatte, die Rolle zu kommentieren, die ihnen aufgezwungen worden war:

> * Ich schämte mich für das, was ich zu tun gezwungen war. Und ich schäme mich noch immer.

* Ich habe nur darüber gelacht und zugesehen, dass das Beste für mich dabei heraussprang.
* Irgendwie war ich auch stolz darauf. Es tat mir gut.
* Es hat mich immer an meiner persönlichen Entfaltung gehindert. Ich habe immer noch das Gefühl, mich nicht frei bewegen zu können.
* Mir war gar nicht bewusst, dass ich eine bestimmte Rolle spielte. Ich dachte immer, so sei eben das Leben.

Diese Kommentare zeigen, dass man seine Rolle verabscheuen oder aber mögen kann.

Manche Rollen nehmen wir auf Dauer an. Wir arrangieren uns damit und versuchen, sie zu unserem Vorteil zu nutzen. Und manchmal überleben sie sich, weil die Zeiten sich ändern oder wir selber andere Menschen geworden sind.

Es gibt positive Rollen, die uns noch als Erwachsene fördern, während andere uns behindern und unsere Entfaltungsmöglichkeiten einschränken. Denken Sie immer daran: Wenn man Sie in der Kindheit in eine bestimmte Schublade gesteckt oder Ihnen eine Rolle aufgedrängt hat und wenn Sie noch heute darin stecken, bedeutet das keineswegs, dass die Etikettierung von damals Sie noch richtig beschreibt. Eine Rolle bedeutet nicht lebenslange Haft!

Wenn Sie die Rolle wechseln wollen

Wenn Sie Ihre Rolle tatsächlich wechseln wollen, sollten Sie nicht mit positiven Reaktionen von Ihren Geschwistern rechnen – und auch nicht von all jenen, die sich auf die eine oder andere Weise mit *Ihrer* Rolle arrangiert haben. Veränderungen bedeuten immer Unruhe und Unbehagen, vor allem wenn sie auch noch von anderen – nämlich von Ihnen – ausgehen. Ihre Geschwister leben wahrscheinlich ganz gut mit der Rolle, die Sie im Familienleben spielen. Und die Vorteile, die sie daraus ziehen, wollen sie nicht missen, selbst wenn es *Ihnen* schlecht dabei geht.

Wenn Sie Ihre Rolle nicht mehr spielen, wer soll dann die Lücke füllen? Ist Ihre Rolle eine der fünf Säulen, die das Familiengebäude tragen, so stellt sich die Frage, was geschehen wird, wenn diese wegbricht. Das Gebäude bekommt eine Schieflage. Die Stabilität ist dahin. Ihre Rolle könnte für das Überleben der Familie von grundlegender Bedeutung sein. Sie wollen Veränderung, aber die anderen stellen sich quer. Sie wollen sich entwickeln und entfalten, zu einer gesünderen Rolle emanzipieren, aber Sie spüren den Gegenwind. Also sind Sie zu einer Entscheidung gezwungen.

Tom war der Sündenbock in seiner Familie, der alles, womit man ihn belud, durch sein rebellisches Verhalten verarbeitete. Es fing schon in der Vorschule an. Immer wieder nahm er die Schuld für etwas auf sich, was er gar nicht zu verantworten hatte. Doch zunehmend brachte er sich auch in ernste Schwierigkeiten. Als Jugendlicher trank er, versuchte es mit Drogen und wurde schließlich aus der Schule geworfen. Als er Mitte zwanzig war, ließ er sich von seiner Frau scheiden.

Darauf kam er zum Glauben, und sein Leben wurde völlig auf den Kopf gestellt. Er machte sein Abitur nach und studierte sogar noch. Auch der Umgang mit den Geschwistern änderte sich zum Positiven. Das alles wirbelt viel Staub auf. Da sie alle keine Christen waren, verstanden sie die Veränderungen nicht. Auch glaubten sie nicht, dass das alles lange anhalten würde.

Die Geschwister taten alles, um ihn wieder in seine alten Rollen zu drängen. Aber diese Versuche schlugen glücklicherweise fehl. Weil sie sich mit der neuen Lage so gar nicht abfinden konnten, begannen sie, Tom aus ihrem Leben auszuschließen. Später kamen auch sie zum Glauben an Christus, und erst jetzt durchschauten sie alles, was mit Tom geschehen war.

Sie müssen nicht eine Geisel Ihrer Vergangenheit bleiben! Was passiert ist, können Sie zwar nicht ungeschehen machen. Aber Sie können die Weichen für die Zukunft stellen. Eine Analyse all dessen, was in der Vergangenheit bei Ihnen zu Hause geschehen ist, wird Ihnen dabei helfen. Fragen Sie sich, ob Sie mit der Rolle zufrieden sind, die sie heute in Ihrer Familie – noch immer – spielen.

Welche Verhaltensweisen würden Sie lieber aufgeben, was verändern? Beschreiben Sie einmal die Rolle, die Sie am liebsten ausfüllen möchten. Und dann fangen Sie einfach an, diesen neuen Rollentext einzuüben und auswendig zu lernen.

Es hat mir einmal jemand beschrieben, wie er sich zum Wandel entschloss:

Ich begann mir vorzustellen, kein ewiger Nörgler mehr zu sein. Ich schrieb auf, wie ich in bestimmten Situationen reagieren wollte. Ich notierte ermutigende Gedanken, sagte sie laut auf und betete darüber. Nach einiger Zeit konnte ich die Früchte ernten. Es hatte funktioniert! Am schwersten fiel mir, am Ball zu bleiben und mich hartnäckig jedem Versuch zu widersetzen, mich in alte Rollen zurückzudrängen.

Herausfinden, was das Beste ist

Wir sind die Produkte unserer Erziehung und neigen dazu, was wir in der Kindheit erlebt haben, immer wieder zu reproduzieren, ob wir es wollen oder nicht. Wir können aber jederzeit die Entscheidung treffen, das Beste aus unseren Erfahrungen zu behalten und den Rest auf den Müllhaufen zu werfen.

Warum sollten wir nicht die Erfahrungen aus unserer Kindheit und Jugend – die guten und die schlechten – als Baumaterial für unsere Zukunft nutzen? Wir können das alte Material durchaus benutzen, sollten aber darauf achten, es in jedem Fall neu zu arrangieren. Entscheiden Sie neu, welchen Umgang Sie mit Ihren Geschwistern pflegen wollen und wie Ihr eigenes Familiensystem aussehen und funktionieren soll.

Als Sie klein waren, haben Sie die Eltern und Ihre Geschwister mit den Augen eines Kindes gesehen. Jetzt haben Sie die Gelegenheit, die Erlebnisse Ihrer Kindheit neu zu bewerten – mit den Augen eines erwachsenen Menschen.

5. Rivalen auf Lebenszeit

Geschwisterrivalitäten? Bei mir fingen sie an, als ich vier war, und mein Bruder war noch nicht einmal geboren. Er steckte noch im Bauch der Mutter. Meine Eltern redeten ständig von dem „neuen Erdenbürger", der unterwegs sei. Sie wünschten sich das Kind. Ich aber nicht. Ich war nämlich zufrieden, so wie es war. Ich hatte die Eltern für mich allein. Und dann kam er – dieses schreiende Bündel mit der nimmersatten Schnute. Dauernd war er um mich, und ich hatte keine ruhige Minute mehr – auf Jahre. Wir zankten und schlugen uns. Ich gab ihm die Schuld, und er gab sie mir. Ständig rangelten wir um etwas – meistens um Aufmerksamkeit. Das war vor vierzig Jahren. Wir sind inzwischen erwachsen – und tun es noch immer.

Solch einen Wettstreit unter den Geschwistern gibt es wohl in jeder Familie mit mehreren Kindern. Eine Geschwisterbeziehung ohne Rivalitäten ist fast nicht vorstellbar. Dieser Wettstreit kann offen ausgetragen oder sehr subtil geführt werden. Mal sind es kleinere Scharmützel, und dann wieder wird sogar ein Krieg erklärt. Man liest darüber in den verschiedensten Druck-Erzeugnissen: in der Boulevardpresse, in Büchern und in der Bibel. Die einen sagen, Rivalität sei unnormal und ungesund, während die anderen behaupten, sie gehöre zum Leben, ob in der Familie, in der Gesellschaft oder zwischen den Nationen.

Bereits zwischen einem 18 Monate alten Mädchen und seinem dreijährigen Bruder kann man offene Geschwisterrivalitäten beobachten. Die meisten der dabei verletzten Gefühle können zwar im Laufe der Zeit geheilt werden. Dennoch erlebt man immer wieder, dass das größte Hindernis für eine gesunde Geschwisterbeziehung im Erwachsenenalter die nicht ausgeheilten Wunden aus der Kindheit und Jugend sind, die im Wettkampf geschlagen wurden. Solche Geschwister haben auch nach der Pubertät niemals aufgehört, um die Vormachtstellung zu ringen und einander ständig zu vergleichen.

Welches Kind glaubt nicht, meistens den Kürzeren zu ziehen! Ich finde gut, was eine erfahrene Mutter einmal zu diesem Thema geschrieben hat:

Geschwisterrivalitäten sind zwar etwas ganz Natürliches. Und es ist oft sehr schwierig, sie nicht ausufern zu lassen. Wir reden viel darüber, und mein Mann und ich versuchen jedem Kind klarzumachen, dass Gott ihnen allen irgendwelche Talente gegeben hat, dass er sie alle ganz unterschiedlich geschaffen und dass jedes von ihm gleich geliebt wird. Aber fragen Sie bitte nicht den Ältesten. Er fühlt sich einerseits völlig überbehütet, und andererseits meint er, mit jedem weiteren der vier Geschwister mehr und mehr geopfert zu haben. Und sprechen Sie lieber nicht den zweiten Sohn darauf an. Er weiß natürlich ganz genau, dass unser Erster total verhätschelt worden ist und dass wir auf ihn viel stolzer sind. Unsere Tochter wiederum wird Ihnen weismachen wollen, dass sie – das mittlere Kind und einzige Mädchen – kein bisschen verwöhnt worden ist. Ihrer Meinung nach sind aber die Jungen nach Strich und Faden verhätschelt worden. Der Vierte wird einwerfen, dass er überhaupt nicht beachtet werde, während alle anderen behaupten, er sei das ach so liebe Bübchen, dem alles hinterhergeworfen werde. Und dann – last, but not least – unser Nesthäkchen. Er spricht oft vom Letzten, den die Hunde beißen. Er bekomme nie mal die Extrawurst. Wenn alle was bekämen, na ja, dann falle eben auch noch für ihn was ab. Aber wehe, wenn die Not hereinbricht – die Chips alle sind oder sonst ein Unglück passiert –, dann sind sie plötzlich eine verschworene Gemeinschaft, in der einer dem anderen beisteht.

Ein gewisser Konkurrenzneid wird immer da sein, obwohl er nicht in jedem Fall zutage tritt. Viel hängt vom Verhalten der Eltern ab.

Wenn die Kinder gezwungen sind, vieles vor den Eltern zu verheimlichen, werden sie zu geübten Heimlichtuern.

Zankende Brüder erhoben sich in die Lüfte

Jedes Mal, wenn Sie sich mit einem Flugzeug in die Lüfte erheben, können Sie das, weil zwei Brüder sich zankten. Als Wilbur und Orville Wright elf und sieben waren, brachte ihnen der Vater ein Spielzeug mit. Sie haben richtig gelesen: *ein* Spielzeug. Sie meinen vielleicht, dass er hätte ahnen müssen, was er damit anrichtet. Es war eine Art Fledermaus, die man mit einem Gummiband zum Fliegen brachte. Die Brüder waren begeistert. Und wie zu erwarten war, stritten sie darum, wer es zuerst fliegen lassen durfte.

Der Vater ermunterte sie, den Apparat genau zu untersuchen und vielleicht sogar zu verbessern. Die beiden nahmen die Herausforderung an und arbeiteten jahrelang daran, diesen Flugapparat zu optimieren. Sie stritten sich wegen jeder Kleinigkeit. Mal ging es ums Design, dann wieder um die Frage, wie Vögel gleiten und wie ihre Flügel geformt sind, wenn sie ausgestreckt sind. Ein Bruder hatte eine Idee, und sofort kam der andere mit einer besseren. Das ging so bis 1903. Dann stieg Orville in ein Flugzeug, das er und sein Bruder konstruiert hatten, und erhob sich für zwölf Sekunden in die Lüfte. Ihre Rivalität hatte Früchte getragen. Und sie hatten zusammen etwas Sinnvolles zustande gebracht.

In einigen Familien werden Geschwisterrivalitäten sogar gefördert. Die Eltern meinen dann, dass der Wettstreit gut sei und die Kinder dadurch lernten, sich durchzusetzen. Dabei nehmen sie aber die negativen Folgen für die Geschwisterbeziehung billigend in Kauf. Wer bei solchen Zweikämpfen häufiger gewinnt, gewöhnt sich daran und ist am Ende nicht mehr imstande, Verluste hinzunehmen.

Es wächst ein Mensch heran, der jede Situation nutzt, um seine Ellenbogen einzusetzen. Der Verlierer wird eher Auseinandersetzungen aus dem Weg gehen. In jedem Fall nehmen diese Kinder die Erfahrung mit ins Leben, dass nur der Sieg über einen anderen den Erfolg bringt. Sie lernen dann oft auch nicht mehr als Erwachsene, kooperativ nach gemeinsamen Zielen zu streben.

Oscars Rache

In ihrer Autobiografie beschreibt die Schauspielerin Joan Fontaine die völlig gestörte Beziehung zu ihrer ebenfalls als Schauspielerin tätigen Schwester Olivia de Haviland. Von Anfang an trachteten die Eltern danach, die beiden gegeneinander aufzubringen. Und die Tatsache, dass auch noch beide Schauspielerinnen wurden, verschlimmerte die Konkurrenz zwischen den Schwestern. Die Rivalität trieb zwar zur Leistung an, zerrüttete aber zunehmend ihre Beziehung.

1941 wurde Joan für einen Oscar nominiert. Als sie bei der Verkündung der Sieger ihren Namen hörte, erstarrte sie auf ihrem Stuhl. Olivia, ihre ältere Schwester, saß am Nebentisch und fauchte ihre Schwester an: „Nun steh schon auf. Los, steh auf!" Joan zögerte, weil ihr in diesem Augenblick Bilder aus der Vergangenheit durch den Kopf schossen. Sie dachte an all den Zank und Streit in der Kindheit zwischen ihr und der Schwester, die Rangeleien, das Haarereißen und an den Unfall, als Olivia ihr den Halswirbel brach und sie gelähmt zu bleiben drohte.

Nun hatte sie einen Oscar gewonnen, während ihre Schwester im Vorjahr trotz Nominierung leer ausgegangen war. Sie rechnete jeden Augenblick damit, dass Olivia ausholen und sie ohrfeigen würde. Das tat sie natürlich nicht. Und fünf Jahre später bekam auch Olivia ihren eigenen Oscar. Als damals Joan auf ihre Schwester zuging, um ihr zu gratulieren, warf diese ihr nur einen kurzen Blick zu, ignorierte die ausgestreckte Hand und drehte ihr den Rücken zu.

Das ist natürlich ein besonders krasser Fall. Aber wie steht es um Ihr Verhältnis zu den Geschwistern? Kommt Ihnen das eine oder andere Detail in Joans und Olivias Geschichte irgendwie bekannt vor? Vielleicht helfen folgende Fragen Ihnen, sich der Verhältnisse in der eigenen Familie bewusst zu machen:

* *Haben Sie als Kind einen Konkurrenzkampf der Geschwister um die Liebe und Zuwendung der Eltern erlebt? Wer war gegebenenfalls der Urheber?*
* *Hält dieser Konkurrenzkampf noch heute an? Wer ist heute dafür verantwortlich?*
* *Haben Sie Geschwister, die immer noch versuchen, die anderen auszustechen?*
* *Hat eins Ihrer Geschwister etwas aufgegeben, was ihm wichtig war, weil ein Bruder oder eine Schwester es vielleicht besser konnte?*
* *Mit welchen Personen (Geschwister, Partner, Kollegen) stehen Sie im Augenblick in direktem Konkurrenzkampf?*
* *Gibt es Personen in Ihrer Familie, die jedem Kräftemessen aus dem Weg gehen?*
* *Sind Sie selber eher kämpferisch, oder vermeiden Sie es, in Wettkämpfe hineingezogen zu werden?*

Rivalitäten von Eltern initiiert

Ein Unglück für Kinder ist es, wenn die streitsüchtigen Eltern die Rivalität unter den Geschwistern anheizen, um damit einen Stellvertreterkrieg für sich führen zu lassen. Manche Eltern glauben, sie müssten immer der Sieger sein, um ihr Ego zu stärken. Traurig ist nur, dass sich viele Kinder dieses Verhalten zum Vorbild nehmen.

Wenn wir davon ausgehen, dass Kinder wie ein Spiegel der Eltern sind, dann geht die Konfliktbereitschaft der Eltern auf die Kinder über und setzt sie unter Druck. Darunter leidet dann die Solidarität unter den Geschwistern. Eine solche spannungsgeladene Atmosphäre bringt Kinder hervor, die um jedes Kompliment kämp-

fen. Ständig stehen sie unter dem Druck, die anderen zu überflü-
geln. Und dieser Zwang bleibt oft noch bestehen, wenn die Betreffenden längst erwachsen sind.

Worum wird nicht alles gekämpft und gewettet! Da will man
wissen, wer die meisten Schnäpse verträgt, wer am schnellsten
Knödel vertilgt, die meisten Fische angelt und die meisten PS auf
die Straße bringt. Die Fantasie scheint keine Grenzen zu kennen.

Jungen und Mädchen sind anders

Zwar sind sowohl Jungen als auch Mädchen an diesem Konkurrenzkampf der Geschwister beteiligt, aber bei den männlichen Wesen
gehört er doch noch mehr zum typischen Rollenverständnis ihres
Geschlechts. Es ist ihre Art, die eigene Kompetenz unter Beweis zu
stellen und die eigene Stellung im Verhältnis zu anderen zu behaupten. Selbst als Erwachsene bleiben die meisten Brüder in einem ständigen Wettstreit.

Eine Studie belegt, dass mehr als die Hälfte aller männlichen
Geschwister im Alter zwischen 22 und 93 im Konkurrenzkampf
mit ihren Brüdern stehen. Dabei geht es jedoch nicht nur um die
Vorrangstellung bei den Eltern, sondern auch um Leistung, Intelligenz, Fitness und äußerliche Attraktivität. Interessant ist, dass
Brüder viel öfter als Schwestern bereit sind, für ein Anliegen Streit
vom Zaun zu brechen. (Die Schwestern sehen das übrigens ganz
genauso!)

Frauen scheinen eine größere Scheu davor zu haben, ihre Streit-
lust zuzugeben. Männer werden von dem Verlangen getrieben, möglichst oft der Erste und Beste zu sein, und haben dabei gleichzeitig
Angst, dass andere ihnen zu nahe kommen könnten. Frauen streben eher danach, ins Zentrum eines Beziehungsgeflechts zu kommen, und leben deshalb mit der Furcht, nicht aufgenommen zu
werden.

Wie sieht es mit dem Konkurrenzkampf zwischen Ihnen und Ihren Geschwistern aus? Damit Sie sich selber eine konkretere Antwort geben können, sollten Sie sich auf einer Skala von 1 bis 10 einstufen. Eins bedeutet, dass überhaupt kein Konkurrenzkampf besteht. Fünf ist der Mittelwert. Und zehn bedeutet, das ein heftiger Kampf tobt. Bewerten Sie zunächst das Verhältnis zu den Geschwistern in der Kindheit und dann noch einmal extra für Ihr heutiges Verhältnis.

So mancher, der nach dieser Frage zum ersten Mal über das Verhältnis zu seinen Geschwistern nachgedacht hat, war ganz überrascht, wie hoch bei ihm der Konkurrenzwert ausfiel.

Rivalitäten kommen sehr mannigfach zum Ausdruck. Da wird geschlagen, gekniffen oder es werden böse oder ironische Blicke geworfen. Der Rivale wird bloßgestellt. Es wird getuschelt und übereinander hergezogen. Das sind immer geeignete Mittel, um andere schlecht zu machen und sich selber zu erhöhen.

Warum Kinder sich streiten

Mit ihrem Wettstreit wollen die Kinder im Grund zwei Fliegen mit einer Klappe schlagen. Zunächst einmal wollen sie sich ihre emotionalen und physischen Versorger sichern, und das sind im Normalfall die Eltern. Wenn man Kindern das Teilen schmackhaft machen will, dann trifft man oft auf taube Ohren.

Erwachsene haben immerhin schon begriffen, dass man beim Teilen zwar ein Stückchen weggibt, dass man den Rest aber dafür umso sicherer behält. Kinder empfinden da noch anders. Sie haben Angst, gleich alles zu verlieren, auch wenn sie von sich aus nur ein Stückchen opfern. Da ist es kein Wunder, dass Geschwister in gewisser Weise als Feinde empfunden werden.

Der zweite Grund für ihre Kampfeslust ist der Wille zur Macht. Man will etwas darstellen unter den Geschwistern. Dieses Bedürfnis nach Macht ist ein überall in der Gesellschaft vorkommendes

Phänomen. Überall wird einem suggeriert: „Arbeite dich hoch!" – „Sei der/die Beste!" – „Lass dir von niemandem etwas sagen."

Die Eltern als Urheber

Manche Eltern fördern die Geschwisterrivalität. Wenn Eltern ihre Kinder unter erheblichen Leistungsdruck setzen, heizt das den Konkurrenzkampf noch an, denn jedes will in den Augen von Vater und Mutter die Nummer eins sein. Dies schafft eine Atmosphäre, in der zwischen den Geschwistern keine echte Vertrauensbasis entstehen kann. Man lebt nach dem Motto: „Lass niemand in deine Karten gucken, denn die anderen werden ihr Wissen sofort zu ihrem eigenen Vorteil ausnutzen."

In solchen Familien lernen die Kinder, mit ständigem Misstrauen zu leben und hohe Schutzmauern um sich zu errichten. „Traue niemand, wenn du vorwärts kommen willst." Das ist ihre Maxime, mit der sie ins Leben gehen. Wenn man aber ständig im Konkurrenzkampf mit den Geschwistern steht, ist man mehr mit den Leistungen der anderen beschäftigt als mit seinen eigenen.

Machen Sie sich aber klar, dass der Konkurrenzkampf zwischen Geschwistern nur dann stattfindet, wenn mindestens zwei Parteien daran teilnehmen! Die Spielregeln ändern sich sofort, wenn Sie es einfach nicht mehr zulassen, in verbale Scharmützel hineingezogen zu werden.

Es gibt aber auch Eltern, die Geschwisterrivalitäten zwar nicht bewusst anheizen, die aber extrem zurückhaltend mit Lob und Anerkennung sind. Die Kinder gewöhnen es sich dann an, um jedes Krümchen zu kämpfen, das als irgendein Lob zufällig vom Tisch fällt. Sie tun alles für ein Wort der Anerkennung oder einen kleinen Liebesbeweis. Und dabei kümmert es sie wenig, wenn sie dabei auf der Seele des Bruders oder der Schwester herumtrampeln.

Zank und Streit zwischen Geschwistern sind in den ersten vier oder fünf Lebensjahren meist heftig und erbittert. Dann muss man schlichtend eingreifen. Wenn man allerdings diese Rivalitäten, die sich unweigerlich bei zwei und mehr Kindern einstellen, unbeachtet lässt, wird aus einer vorübergehenden Erscheinung ein dauerhafter Kampf zwischen den Geschwistern. Und schließlich leiden darunter auch sämtliche sozialen Bindungen nach außen. Der Kampf wird zur Lebensart.

Andere Autoritätspersonen als Urheber

Manchmal sind es nicht die Eltern, die den Konkurrenzkampf zwischen Geschwistern anheizen. Manchmal sind es auch Lehrer und / oder Personen in den Gemeinden. Die jüngeren Geschwister führen manchmal ein richtiges Schattendasein, wenn sich in der Schule oder in der Gemeinde der oder die Älteste durch besondere Leistungen hervorgetan hat. Es sind dann oft nicht die größeren Geschwister selbst, die zu dieser Problematik beitragen. Es sind Menschen im sozialen Umfeld der Familie. Dann hören die Jüngeren Bemerkungen wie: „Ach, du bist ja Tims kleiner Bruder. Der hat was auf dem Kasten. Da wirst du ja hoffentlich in seine Fußtapfen treten." Und schon ist der Konkurrenzkampf zwischen den Geschwistern in Gang gesetzt.

Die jüngeren Geschwister haben in diesem Fall mehrere Möglichkeiten zu reagieren: Sie können den Ältesten bewundern und alles tun, um ihm gleich zu werden (oder ihn sogar zu überholen). Oder sie finden sich mit dem Abglanz des so bewunderten Geschwisters ab. Wenn das keine wünschenswerte Alternative ist, fühlen sie sich vielleicht sogar zu den weniger populären Geschwistern hingezogen, weil sie sich dann nicht dem ständigen Konkurrenzkampf mit einem Stärkeren stellen müssen. Und manche resignieren ganz, weil sie jede Anstrengung als vergebliches Bemühen erleben.

Andere bemühen sich um Leistungen auf einem ganz anderen Gebiet, was Anerkennung bringt, ohne sich der unmittelbaren Konkurrenz stellen zu müssen. Manchen Kindern reicht das. Aber für andere ist solche Anerkennung, die nicht im Wettstreit errungen wurde, nur zweite Wahl. In seltenen Fällen reagieren Geschwister, deren Bedürfnis nach Anerkennung keine Erfüllung findet, mit dem Wunsch, ein Schicksalsschlag möge alles beenden – vielleicht sogar der Tod des Bruders oder der Schwester.

Schwierig ist es auch für ältere Geschwister, die durchaus etwas leisten, wenn sie plötzlich im Schatten eines jüngeren Bruders oder einer jüngeren Schwester stehen. Früher haben sie alle Anerkennung bekommen, und nun macht der andere alles ein bisschen besser. Die Entthronung droht.

Eine besonder Geschwisterbeziehung

In einer Familie mit mehreren Geschwistern gibt es meistens eins, das mehr im Mittelpunkt zu stehen scheint als die anderen. Mit ihm gibt es mehr Spannungen und einen intensiveren Gedankenaustausch. Es macht mehr Sorgen, und die Rivalität ist größer. Weil dieses Kind fast immer im Mittelpunkt steht, sind die Reibungspunkte vielfältig.

Diese Person hat schon immer Ihr ganzes Gefühlsleben bestimmt. Sie wollen ihr das Wasser reichen können, erleben aber immer wieder, dass sie es nicht schaffen. Sie kommen nicht vorbei. Sie haben noch andere Geschwister, aber dieser eine Bruder, diese eine Schwester hat Sie zu dem Menschen gemacht, der Sie heute sind.

Es handelt sich dabei um ein komplexes Phänomen in der Beziehung zwischen Geschwistern. Das besondere Geschwister (SOS) bedeutet Gefahr und Hoffnung auf Beistand zugleich, ständige Frustration, aber auch das Gefühl der eigenen Wichtigkeit, wenn es einmal darum geht, dem besonderen Geschwister aus der Klemme zu helfen. Man muss diesen Zusammenhang verstehen, wenn man die Dynamik des eigenen Familiensystems durchschauen will.

Konkurrenzneid ist bekanntlich Teil unseres Menschseins. Und im Verhältnis zu dem besonderen Geschwister und zu Menschen, die an ihn oder sie erinnern, tritt diese Grundeigenschaft ganz besonders zutage. Das muss aber nicht bedeuten, dass Sie mit dieser

Person ständig im Streit liegen. Sie können durchaus sowohl Rivalen als auch gute Freunde sein. Sofern Sie in einem intakten Familiensystem leben, wird die Rivalität nicht der wichtigste Aspekt Ihrer Beziehung zu jenem besonderen Geschwister sein.

Solange Ihre Rivalität nicht außer Kontrolle gerät und ihr ganzes Verhältnis zum Bruder oder zur Schwester dominiert, hat diese Beziehung auch durchaus positive Aspekte. Dieser Bruder oder diese Schwester dient Ihnen in gewisser Weise als Maßstab, an dem Sie Ihre eigenen Fortschritte messen können. Und vielleicht wird dies eine der wenigen Beziehungen in Ihrem Leben, die eine tiefere Bedeutung bekommen. Und so kann es durchaus sein, dass den Menschen, die ohne solch ein besonderes Geschwister auskommen müssen, ein wichtiger Antrieb für ihre persönliche Entwicklung fehlt.

Haben auch Sie solch ein besonderes Geschwister? Haben Sie immer noch das Gefühl, der oder die Betreffende leiste mehr als Sie? Gab es in Ihrer Kindheit vielleicht einen Bruder, der Ihnen immer wieder das Leben sauer gemacht hat, den Sie beneidet haben? Gibt es eine Schwester, der Sie immer gleich Ihre Erfolge erzählen, die aber nichts von Ihren Misserfolgen erfährt? Gibt es ein Geschwister, das Sie mehr beeindrucken wollen als die anderen? Gibt es vielleicht eine Schwester, deren Missfallensäußerungen und Kritik besonders treffen und schockieren? Gibt es einen Bruder, an den Sie öfter denken als an alle anderen Geschwister? Hatten aus Ihrer Sicht die Eltern einen Liebling unter den Geschwistern?

Vielleicht kommen Sie aus einer Familie, in der Geschwisterrivalitäten praktisch keine Rolle spielen. Aber das ist selten. Für die meisten Erwachsenen mit Geschwistern gehörte der Konkurrenzkampf in der Kindheit zum täglichen Leben. Die entscheidende Frage, die Sie sich jetzt stellen sollten, lautet: Entspricht das Leben, das Sie heute führen, Ihren Vorstellungen, oder reicht der Einfluss eines Geschwisters noch so weit, dass Sie sich bis heute nicht richtig in Ihrer Persönlichkeit entfalten konnten?

Wenn das der Fall ist, lassen Sie offenbar zu, dass ein anderer Ihr Leben bestimmt. Die meisten wollen ihr Leben frei gestalten, ohne dass jemand anders ständig die Richtung mitbestimmt. Wollen Sie das auch? Welche praktischen Schritte könnten Sie tun, damit Sie im Leben vorwärts kommen und die alten Geschwisterrivalitäten endlich an Bedeutung verlieren?

6. Andere Geschwister-beziehungen

Zwillinge

Zwillinge standen eigentlich schon immer im Mittelpunkt des Interesses. Was hat man nicht alles geforscht und spekuliert! Und es ist immer noch etwas Besonderes, Zwillinge zu haben. Wenn eine Mutter mit Zwillingswagen daherkommt, wird sie neugierig betrachtet und wahrscheinlich auch angesprochen: „Da haben Sie ja sicher alle Hände voll zu tun!" Irgendwie scheinen Mehrlingsgeburten unser besonderes Mitgefühl und Interesse zu wecken. Wo Eltern mit Zwillingen auftauchen, ist ihnen das Rampenlicht gewiss.

Auch wenn wir schon viele Erkenntnisse in der Forschung gewonnen haben, so ist die Beziehung der Zwillinge untereinander immer noch von einer geheimnisvollen Aura umgeben. In der Mythologie kennen wir die Sage von Romulus und Remus, die angeblich von einer Wölfin gesäugt wurden und später Rom gründeten. In der Bibel finden wir die konfliktreiche Beziehung von Jakob und Esau beschrieben, die die Zwillingssöhne von Isaak und Rebekka waren. Und die Kinder von heute kennen die Geschichte vom doppelten Lottchen, von Charlie und Louise.

Schon im Mutterleib entwickelt sich eine ganz besondere Nähe zwischen den Kindern. Wenn sie dann im Kinderbettchen liegen, hört der eine die Stimme des anderen, und das klingt vertraut und beruhigend. Von Geburt an teilen sie alles – den Vater, die Mutter, die Zeit, die Aufmerksamkeit, die Zuwendung, die Spielsachen und den Brei in der Schüssel. Bald sind sie einander so vertraut, dass sie die kleinsten Unterschiede zwischen ihnen bemerken. So passt es dem einen vielleicht gar nicht, dass der andere schon etwas früher krabbelt, läuft oder redet. Zwillinge haben selten unterschiedliche

Beziehungen zu einer bestimmten Person. Und wenn andere über sie reden, sind sie kaum einmal als Individuen gemeint. Man spricht über sie fast immer als Paar.

Manche Eltern freuen sich riesig wenn sie Zwillinge bekommen, während andere entsetzt reagieren. So manche Mutter schätzt die Tatsache, dass sich die Kinder miteinander beschäftigen. Es kann allerdings auch vorkommen, dass Zwillinge derart aufeinander bezogen bleiben, dass sie zu Eltern und anderen Personen kaum Kontakt aufnehmen. Und das kann so bleiben, bis sie Erwachsene sind. Ich kenne ein Zwillingspaar, das schon im frühen Kindesalter eine ganz eigene Sprache für die interne Kommunikation entwickelte. Das irritierte nicht nur die Menschen ihrer Umgebung, sondern führte auch zu Sprechstörungen im Erwachsenenalter.

Unvermeidbare Vergleiche

Schon normale Geschwister werden miteinander verglichen. Bei Zwillingen ist das alles noch extremer. Vom Augenblick der Geburt an wird aber auch alles begutachtet: die Nasen, die Augen, die Ohren; die Sprechweise, das Spielen, das Krabbeln, das Laufen. Bei zweieiigen Zwillingen, die vielleicht auch noch unterschiedlichen Geschlechts sind, wird weniger nach Übereinstimmungen gesucht. Hier fahndet man eher nach den Unterschieden.

Es kann für Zwillinge ausgesprochen lästig werden, ein Leben lang mit einem anderen Menschen gleichgesetzt zu werden. Gerade Außenstehende, die nicht zur unmittelbaren Familie gehören, neigen dazu, Zwillinge als eine untrennbare Einheit zu betrachten. So können sie irgendwann die stereotype Frage „Könnt ihr sie denn überhaupt auseinander halten?" einfach nicht mehr hören.

Auf der einen Seite gibt es Zwillinge, die alles daransetzen, eine persönliche Identität zu entwickeln, während sich andere wieder ihre Ähnlichkeit zunutze machen und sogar manchen Schabernack treiben. So kommt es immer wieder vor, dass der „falsche" Zwilling zum Rendezvous erscheint, um herauszubekommen, ob man den Freund oder die Freundin an der Nase herumführen kann. Einer meiner früheren Studenten wechselte sich hin und wieder für einen Tag bei der Arbeit mit seinem Bruder ab. Und sie schafften es, die Kollegen hinters Licht zu führen.

Gleich und trotzdem individuell

Auch wenn sich Zwillinge sehr ähnlich sehen, gibt es doch noch genügend individuelle Merkmale. Der eine mag ein wenig klüger, schneller, wacher oder auch reservierter sein. Und selbst zwischen Zwillingen kann die Reihenfolge der Geburt noch in der Beziehung eine Rolle spielen, auch wenn es nur um Minuten geht. Oft ist der Erstgeborene auch der Dominantere. Eine Ausnahme von der Regel finden wir in der biblischen Geschichte von Jakob. Er war der Zweitgeborene, der sich an die Ferse seines Bruders heftete und auch später die Beziehung dominierte.

Ob die Kinder Zwillinge oder „normale" Geschwister sind – die Rivalitäten zwischen Jüngeren und Älteren sind weitgehend dieselben. Die Jüngeren fühlen sich zurückgesetzt, während die Älteren ihre Position hervorkehren. Bei Zwillingen ist der Vorsprung des Älteren zwar nur symbolisch. Das genügt aber, um die gleichen Erwartungen und das gleiche Rollenverständnis wie bei normalen Geschwistern hervorzurufen.

Einzigartige Vertrautheit und Nähe?

Gibt es zwischen Zwillingen eine besondere Nähe und Vertrautheit, die andere Geschwister nicht kennen? Wir haben wohl alle schon Geschichten von Zwillingen gehört, die spontan und zum selben Zeitpunkt das Gleiche dachten und fühlten, die sich gleichzeitig anriefen oder die gleichen Pläne schmiedeten, ohne sich verabredet zu haben. Gibt es zwischen Zwillingen eine ganz spezielle Art Telepathie, oder sind dies Erscheinungen, die man auch in langjährigen Ehen beobachten kann? Hier und da wird behauptet, dass es tatsächlich eine spezielle Identifikation zwischen Zwillingen gibt, die eine Sensibilisierung für die Stimmungen des anderen bewirkt. Man spricht von der „Zwillingsbindung" und meint damit eine besondere Empfindsamkeit, die durch den engen Kontakt von Geburt an geweckt wird.

Zwillinge und ihre anderen Geschwister

Sind Zwillinge in einer Familie, so hat das auch auf die anderen Geschwister großen Einfluss. Wenn sich ein Kind bereits durch die Geburt *eines* Geschwisters an den Rand gedrängt fühlen kann, wie muss dann erst die Reaktion ausfallen, wenn gleich zwei neue Erdenbürger in die Familie aufgenommen werden! Kommt der Zuwachs gleich doppelt daher, verdoppeln sich auch die Probleme der Geschwister.

Zwar nehmen Eltern ihr doppeltes Lottchen meist recht euphorisch entgegen, doch bald stellt sich Erschöpfung ein, und so haben die anderen Geschwister plötzlich nur noch recht wenig von Mutti und Papa. Die Zwillinge ziehen natürlich fast alle Aufmerksamkeit auf sich – vor allem von Außenstehenden. Und so wird Neid geradezu provoziert. Besonders wenn neben den Zwillingen nur noch ein einziges weiteres Kind zur Familie gehört, fühlt es sich schnell ausgeschlossen oder als fünftes Rad am Wagen. Es wird wahrscheinlich kaum einmal in die enge Zweierbeziehung der Zwillinge eindringen können.

Diese Nähe kann allerdings auch verhindern, dass die Zwillinge lernen, auf eigenen Füßen zu stehen. Die Schule besuchen die Kinder wahrscheinlich noch gemeinsam. Vielleicht bleiben sie auch noch während der Berufsausbildung zusammen. Aber einen gemeinsamen Arbeitsplatz finden sie kaum, und heiraten muss auch jeder seinen Partner. Dann sind diese Menschen oft zum ersten Mal allein und auf sich gestellt.

Wenn einer Pläne schmiedet und der andere nicht folgen will, kann es zu erheblichen Spannungen kommen. Gehen Zwillinge plötzlich getrennte Wege, stellt sich in vielen Fällen ein Gefühl großer Verlassenheit ein. Es kann ja durchaus vorkommen, dass einer recht früh heiratet, während der andere erst nach zehn oder mehr Jahren diesen Schritt wagt. Was ist, wenn ein Zwillingsbruder dem anderen seine Verlobte vorstellt und die beiden verlieben sich spontan, so dass dem Ersten die Braut abhanden kommt? So etwas passiert. Ganz selten heiraten Zwillinge auch wieder Zwillinge. Und das geht meistens gut.

Es ist durchaus möglich, dass Zwillinge und ihre Geschwister gut miteinander harmonieren. Es liegt in der Verantwortung der Eltern und auch der Zwillinge, dafür zu sorgen, dass die anderen Geschwister nicht mit dem Gefühl leben, weniger Zuwendung zu bekommen und weniger wert zu sein. Alle Kinder müssen gleich viel gelobt und beachtet werden. Und für die Zwillinge ist es wichtig, dass man ihre Individualität achtet. In jedem Fall sind Zwillinge eine Bereicherung für die Familie.

Leben mit Stiefeltern und Stiefgeschwistern

Können Sie sich die Situation ausmalen, wenn sich die bereits vorhandenen Kinder eines neuen Paares zum ersten Mal begegnen? Die Gefühle können dann sehr unterschiedlich sein. Man mustert sich misstrauisch, neugierig, gespannt oder voll positiver Erwartungen.

Die Bindungen, die zwischen Stiefgeschwistern entstehen, können genauso fest und tragfähig werden, wie die Beziehungen zwischen leiblichen Geschwistern. Forschungsergebnisse deuten allerdings auch darauf hin, dass die Kinder, die jeder Partner in die Familie mitbringt, ein hohes Konfliktpotenzial für die zu schließende Ehe in sich bergen. Die Beziehungen, die sich zwischen Stiefgeschwistern entwickeln, haben einen starken Einfluss – sowohl im positiven als auch im negativen Sinne – auf die neue Ehe.

Der Zwang zur Anpassung

Die Neuen in der Familie werden oft als Eindringlinge empfunden. Sie stehlen einem die Zeit und rauben die Aufmerksamkeit, die man bis dahin uneingeschränkt bekam. Stiefgeschwister fühlen sich unter Druck gesetzt. Sie sollen nun plötzlich mit fremden Kindern so vertraut sein, wie das in einer Familie üblich ist. Das nervt besonders, wenn die Eltern ihre Kinder ständig anhalten, nun schön miteinander auszukommen.

So kommt es häufig genug zu Machtkämpfen und zu Verbitterung, weil man plötzlich ein Zimmer teilen muss oder weil einem die neuen Geschwister die Schau stehlen. Die einen freuen sich zwar über die neu gewonnenen Freundschaften und empfinden sie als Bereicherung. Andere aber reagieren mit Verdruss wie der Junge, der folgenden Kommentar abgab: „Ich habe mir nicht gewünscht, auf die Schnelle Bruder und Schwester zu bekommen. Ich brauche sie nicht. Und jetzt habe ich sie an der Hacke. Mein Leben vorher war richtig klasse."

In solch einer so genannten *Patchwork-Familie* wird viel von den Kindern verlangt. Wenn ihre ursprüngliche Familie zerbrach, mussten sie sich an all die Verluste gewöhnen, die Trennung und Scheidung mit sich bringen. Und dann vergrößert sich die Familie schlagartig. Auch das kann weitere Verlustängste hervorrufen.

Was kann alles passieren? In einer Familie sind die Positionen in der Geschwisterreihe für lange Jahre etabliert, und alle Beteiligten haben sich damit arrangiert. Und dann heiratet der Vater oder die Mutter wieder. Die Folge ist, dass die Geschwisterreihe gehörig durcheinander gerät.

So verliert z.B. der Erstgeborene seine Position, weil eine ältere Stiefschwester ins Haus kommt. Doch beide pochen auf ihre Vorrechte. Was ist, wenn das Nesthäkchen bisher der Liebling und Sonnenschein der Familie war? Nun aber kommt eine noch jüngere Schwester daher und stiehlt ihr die Schau. Was geschieht, wenn sich plötzlich zwei Sündenböcke, zwei Übereifrige und zwei Helfer die Rollen streitig machen?

Es gibt natürlich auch Kinder, die sich freuen, einen großen Bruder oder eine ältere Schwester zu bekommen. Oder sie begrüßen es, nun ein gleichgeschlechtliches Geschwister in der Familie zu haben. Auf jeden Fall wird die Aufgabe, sich arrangieren zu müssen, ein wenig vom Verlust der bisherigen Familie ablenken.

Es sind schon richtig gute Freundschaften zwischen Stiefgeschwistern entstanden. Bei diesen Beziehung kann man schließlich ganz von vorn anfangen. Es gibt nicht die uralten Ressentiments, die die normalen Geschwisterbeziehungen so oft belasten. Man kann also ohne belastendes Gepäck in die Zukunft starten.

Keine gemeinsame Vergangenheit

Die fehlende gemeinsame Vergangenheit kann allerdings auch ein Problem bedeuten. Man hat nicht die gleichen Erinnerungen, und das bedeutet einen Verlust an emotionaler Tiefe. Trotz dieses Mangels – und oft ohne jegliche Vorbereitung auf das Zusammenfügen zweier Familien – wird von allen Beteiligten erwartet, sich spontan als Einheit zu fühlen. Gerade diese Erwartungshaltung steht jedoch einem echten Zusammenwachsen allzu häufig im Weg. Man muss sich einmal die Ausgangslage vergegenwärtigen. Jeder erwartet, dass sich sofort alle lieben und gut miteinander auskommen. Aber die Realität sieht meist anders aus: Es kommt zu Zank und Streit, weil unvermittelt ganz unterschiedliche Persönlichkeiten aufeinander treffen. Bedenken Sie einmal, was alles in einem Haushalt geteilt werden muss: Schränke, Schubfächer, Spielsachen und die Aufmerksamkeit der Eltern. Die Zeit, die man morgens im Badezimmer vertrödeln konnte, wird plötzlich halbiert oder gar noch mehr eingeschränkt. Und dann muss man sich vielleicht noch mit jemand arrangieren, den man sich niemals als Freund oder Freundin ausgesucht hätte.

Wenn das Stiefgeschwister nicht ständig in der neuen Familie lebt, sondern bei dem anderen Elternteil bleibt, dann entstehen andere Probleme. So muss vielleicht ein Kind alle 14 Tage zum Wochenende sein Zimmer räumen, weil der Stiefbruder oder die Stiefschwester zu Besuch kommt. Besonders schwierig wird es dann, wenn dieses Kind ständig zwischen Familien mit ganz anderen Vorstellungen wechseln muss. Was ist z.B., wenn das auswärts lebende Kind normalerweise in einer Umgebung zu Hause ist, wo die jungen Leute kaum helfen müssen und kommen und gehen können, wann sie wollen? Dieses Stiefgeschwister bringt dann seine Gewohnheiten in eine Familie mit, in der die Kinder unter einem strengen Regiment leben, ganz andere Werte vermittelt bekommen und mit Strafen zu rechnen haben. Das wird unter Umständen zu erheblichen Auseinandersetzungen führen.

Auch der Lebensstandard der beiden Familien kann sich deutlich unterscheiden. Durch die wirtschaftlichen Unterschiede zwischen den Stieffamilien kann es zwischen den Kindern der beiden Familien zu erheblichen Spannungen kommen. Das aber verhindert, dass eine Atmosphäre der Geborgenheit und des Vertrauens entsteht.

Wenn Stiefkinder nur zum Wochenende kommen, überschlagen sich die Eltern möglicherweise, um es dem Gast an nichts fehlen zu lassen. Er soll sich ja schließlich „wie zu Hause fühlen". Doch in diesem Fall kommen plötzlich die Geschwister zu kurz, die dort ständig wohnen. Oft hört man dann die Klage: „Warum soll ich mit der mein Zimmer teilen? Mutti ist doch nicht ihre Mutter. Und ich bin überhaupt nicht gefragt worden."

Auch zu sexuellen Verirrungen kann es in solchen Patchwork-Familien kommen, wenn sich Stiefgeschwister körperlich anziehend finden. Die Inzest-Barriere funktioniert nicht richtig, weil Stiefgeschwister keine Blutsverwandten sind. Um die eigenen sexuellen Gefühle in den Griff zu bekommen, werden die Betroffenen oft übertrieben abweisend, aggressiv oder unnahbar. Oder aber die Beziehung entwickelt sich so, dass die beiden später sogar heiraten.

In unserer heutigen Gesellschaft sind Stiefgeschwister keine Seltenheit mehr. Und in vielen Fällen gelingt es auch, aus dem „Patchwork" ein harmonisches Ganzes zu gestalten. Es liegt – wie bei vielen Entscheidungen im Leben – an uns, ob wir dazu fest entschlossen sind.

Behinderte Geschwister

Alle Geschwister erleben hin und wieder, dass der Bruder, die Schwester für eine Weile durch Krankheit außer Gefecht gesetzt ist. Das kann der berüchtigte Schnupfen sein, die Grippe, die Masern oder ein gebrochenes Bein. Gelegentlich wird es sogar lebensbedrohend – wie bei Krebs oder AIDS.

Kinder reagieren ganz unterschiedlich auf Krankheiten bei Geschwistern. Vieles hängt vom Alter oder der Vertrautheit in der Beziehung ab. Geschwister können mitfühlen, besorgt sein, Angst haben oder sogar neidisch reagieren, weil der oder die Kranke plötzlich so viel Aufmerksamkeit und Zuwendung bekommt. Im Allgemeinen kann man aber sagen, dass vorübergehende Krankheiten die Geschwister näher zusammenrücken lässt.

Wenn jedoch eine dauernde Behinderung zu erwarten ist, bringt das in vielen Fällen das Beziehungsgeflecht einer Familie durcheinander. Und davon sind natürlich auch die Geschwisterbeziehungen betroffen. Auch die gesunden Kinder brauchen in dieser Situation mehr Zuwendung als sonst. Und ausgerechnet jetzt können die Eltern weniger geben.

Die Geschwister leiden aber nicht nur unter der eingeschränkten Zuwendung. Oft haben sie auch unbewusst ein schlechtes Gewissen, weil es ihnen so gut geht, während der Bruder oder die Schwester leidet.

Ist ein Geschwister behindert, so kommt es zu Veränderungen bei der inneren Einstellung dem Betreffenden gegenüber. Oder Gefühle werden intensiviert. So liebt eine Schwester ihren behinderten Bruder vielleicht sehr. Gleichzeitig wünscht sie sich aber auch, dass er tot wäre. Statt die Rolle der behüteten kleinen Schwester spielen zu können, muss sie die Funktionen und Aufgaben der großen Schwester übernehmen. Das bedeutet einen Verlust für sie. Und wenn die Behinderung Folge eines Unfalls oder einer Krankheit und nicht angeboren ist, beschleicht die Schwester vielleicht sogar das Gefühl, durch Worte oder Taten das Unglück heraufbeschworen zu haben.

Kommunikation ist der Schlüssel

Allzu häufig kommt bei solchen Krisen niemand in der Familie auf den Gedanken, mit den Kindern über das, was geschehen ist, ausführlich einen Gedankenaustausch zu führen. Die Folge ist, dass die Kinder mit ihren Sorgen und Fragen allein bleiben. Sie können Zorn und andere Emotionen nicht richtig verarbeiten. Und so reagieren sie bei jeder Kleinigkeit aufgebracht und gereizt.

Vielleicht bekommen die Eltern den Kummer der Geschwister gar nicht mit. Oder sie beobachten sogar scheinbar positive Veränderungen, weil das Kind als Überlebensstrategie eine auffällige Beflissenheit gewählt hat. Ein solches Kind stellt wenig Forderungen an seine überlasteten Eltern und versucht, ihnen zu helfen, wo es geht. Doch auch dieses Kind hat Bedürfnisse, die nur die Eltern stillen können. Und es wartet auf die Gelegenheit, sein Herz auszuschütten und den verborgenen Kummer zu verarbeiten. Viele Kinder zeigen ihren Kummer nicht und müssen das später als Erwachsene büßen.

Es gibt viele Strategien zur Konfliktbewältigung bei Kindern, die plötzlich mit einem behinderten Geschwister konfrontiert werden. Eine davon ist, mit allen Mitteln die Aufmerksamkeit der Eltern auf sich zu lenken. Wenn diese Versuche nicht beachtet werden, intensivieren die Kinder ihre Bemühungen, indem sie plötzlich mit Drogen experimentieren, zündeln, fremdes Eigentum zerstören usw.

Wer seine Wut an Dingen oder Personen auslässt, bekommt dann meist die gewünschte Aufmerksamkeit.

Je näher sich die gesunden Geschwister und das kranke Kind stehen, desto größer ist auch die Identifikation und das Mitleiden. Dadurch intensiviert sich oft die Angst, genauso krank wie der Bruder oder die Schwester zu werden. Deshalb kommt es gar nicht so selten vor, dass sich die gesunden Geschwister von dem Behinderten zurückziehen und ihm möglichst wenig begegnen. Dies trifft besonders dann zu, wenn die Krankheit nicht von Geburt an bestand, sondern irgendwann hereingebrochen ist.

Oft stellt sich bei den gesunden Geschwistern ein inneres Auflehnen ein – gegen den Kranken als Urheber und gegen die Eltern, die sich ihm mehr zuwenden. Auch im täglichen Leben bedeutet ein behindertes Geschwister, Unbequemlichkeiten in Kauf nehmen zu müssen. Dieser Groll wird entweder offen gezeigt oder im Innern aufgestaut. Aber häufig löst er Schuldgefühle aus.

Auch mögen sich Geschwister Sorgen machen, dass sie sich bei dem Behinderten anstecken könnten, besonders wenn sie kleiner sind. Oder die Älteren fürchten, die Krankheit verborgen in sich zu tragen und sie später an ihre Kinder weiterzugeben. Besorgt kann auch die Frage machen, wer den Behinderten pflegen wird, wenn einmal die Eltern nicht mehr dazu in der Lage sind.

Geschwister machen sich auch Gedanken darüber, wie Außenstehende auf den Behinderten reagieren und was sie denken. Werden sie mit ihm oder ihr in einen Topf geworfen?

Man schämt sich für den Kranken. Es ist einem peinlich, mit ihm gesehen zu werden, besonders wenn der oder die Behinderte ungewöhnliche Geräusche von sich gibt, jault oder kreischt oder auch in eine Sonderschule gebracht werden muss. Ich hörte z.B. von einem Jungen, der seine behinderte Schwester jeden Tag zur Schule fahren musste. Er ließ sie immer schon ein paar Straßen vorher aussteigen, damit ihn seine Freude ja nicht mit ihr zusammen sahen.

Wenn Behinderte von anderen gehänselt werden, bedeutet dies für Geschwister, sich mit einem inneren Konflikt auseinander setzen zu müssen. Einerseits wollen sie den Bruder oder die Schwester schützen, doch fürchten sie sich gleichzeitig vor den Reaktionen der anderen.

Kinder, die mit einem behinderten Geschwister aufwachsen, entwickeln aber auch oft ein hohes Maß an Verantwortungsbewusstsein – entweder von sich aus oder auf Druck der Eltern. So hört man von solchen Kindern oft die Klage, sie fühlten sich schon wie kleine Eltern. Eine Pädagogin, die mit einem krebskranken und behinderten Geschwister groß geworden ist, erzählt folgende Erfahrung. Die Familie hatte längst bemerkt, dass mit dem Bruder etwas nicht stimmte. Aber die endgültige Diagnose wurde erst gestellt, als der Junge bereits 15 war. Er war im Gegensatz zu seinen Geschwistern von allen Pflichten in Haus und Garten befreit. Für ihn hatten die Eltern immer Zeit und Geld, während die Geschwister oft auf beides verzichten mussten. Sie fanden sich mit den Wutausbrüchen und Anfällen des Bruders ab. Dadurch sank die Toleranzgrenze bei allen anderen Familienmitgliedern im Umgang miteinander.

Der Behinderte war sich durchaus bewusst, dass er bevorzugt behandelt wurde, und er nutzte das geschickt aus. Am Ende war er immer der Gute und die Geschwister die Bösen. Als das Problem endlich erkannt und der Tumor entfernt war, waren die finanziellen Ressourcen der Familie aufgebraucht. In dieser ganzen Zeit hatten sich die Kinder nicht ein einziges Mal über diese aus ihrer Sicht wenig gerechte Ungleichbehandlung beklagt. Als die Pädagogin dann eines Tages zur Eheberatung erschien, sagte ihr der Therapeut unter anderem:

Sie haben Ihr ganzes Leben lang den eigenen Bruder auf dem Rücken getragen. Und deshalb haben Sie möglicherweise auch Pädagogik studiert. Sie haben versucht zu ergründen, wie das Verhältnis zu Ihrem Bruder war und warum Sie ihn immer als Mühlstein um den Hals empfunden haben. Ihr Verantwortungsbewusstsein Kindern gegenüber ist hoch entwickelt, und Sie haben

immer wieder versucht, aller Welt eine gute Mutter zu sein. Das
aber hat Ihrer Seele geschadet.
Sie haben Eheprobleme bekommen. Sie fühlen sich ausgelaugt und
sind ein zorniger Mensch geworden. Sie sind innerlich zerrissen.
Im Grunde mussten Sie sich schon immer selber die Eltern erset-
zen, und als diese starben, fühlten Sie sich ganz und gar verant-
wortlich für Ihren Bruder. Indem Sie sein Abhängigkeitsverhältnis
zu den Eltern übernahmen, haben Sie sich eine große Last aufer-
legt. Sie wissen vielleicht, dass Menschen, die von anderen abhän-
gig sind, eine Abneigung, wenn nicht gar einen Hass gegen ihre
Betreuer entwickeln. Das war und ist bei Ihrem Bruder wahr-
scheinlich genauso. Erst hat er Ihre Eltern gehasst, und nun hasst
er Sie.

Diese Situation hätte vermieden werden können, wenn die Eltern
mit den älteren Geschwistern immer im Gespräch geblieben wären
und wenn man sich als Team empfunden hätte. Wer jedoch hilft
Eltern in ihrem Kummer und wer gibt guten Rat, wie man sich in
solchen Krisen richtig verhält? Normalerweise ist niemand da, der
einem rät. Deshalb ist es so wichtig, dann, wenn es kritisch wird,
nach gleichfalls Betroffenen Ausschau zu halten und sich eine Selbsthilfegruppe zu suchen. Dort trifft man Menschen, die ganz ähnliche Probleme zu bewältigen haben. Auf diese Weise findet man
Solidarität und Rat.

Reaktionen der Eltern

Viele betroffene Eltern sind sich wahrscheinlich durchaus bewusst,
dass sie den gesunden Kindern nicht gerecht werden. Aber die Sor-
ge um den Kranken braucht alle Energie auf, die sie eigentlich
auch den gesunden Geschwistern zukommen lassen wollen. Sie leben ständig mit dem Gefühl, nicht die Eltern zu sein, die sie eigentlich werden wollten. Und das vertieft den Kummer, die Frustration und das Gefühl, versagt zu haben. Bricht solch ein Un-

glück herein, sollte man niemals glauben, dass man mit den restlichen Geschwistern schon bald zur Tagesordnung übergehen kann. Das ist völlig unrealistisch. Es fehlt dafür einfach die Kraft.

In jedem Fall muss man damit rechnen, dass die Gefühle den Kindern gegenüber sehr gemischt und schwankend sein werden. Mal sind die gesunden lästig, weil man ihre unausgesprochenen Forderungen spürt und man sich zu wenig um ihr Wohlergehen kümmert. Dann kommen Zweifel auf, ob man dem kranken Kind gegenüber genug Mitgefühl zeigt oder ob man zu schnell versucht, zur Normalität zurückzukehren. Man muss immer wieder damit rechnen, dass die Wut hoch kocht, weil einem das Leben so übel mitgespielt hat. Und schließlich wird man sich fragen, ob man nicht doch auf Kosten der gesunden Kinder zu viel in den Kranken investiert.

Auswirkungen auf die Geschwister

Hier nun einige wichtige Erkenntnisse der Forschung darüber, wie sich die Anwesenheit eines behinderten Kindes auf die Geschwister auswirkt:

* *Ältere Geschwister kommen besser mit einem behinderten Kind in der Familie zurecht als jüngere. Die Ausnahme ist die älteste Tochter. Sie hat gewöhnlich größere Schwierigkeiten.*
* *Gerade den ältesten Töchtern wird nämlich gern die Betreuung des zu pflegenden Kindes aufgebürdet.*
* *Kinder werden von der Behinderung eines Geschwisters stärker in Mitleidenschaft gezogen, wenn sie vom gleichen Geschlecht sind.*
* *Bei nur zwei Kindern in der Familie steht das gesunde unter erheblichem Druck, die Hoffnungen und Träume der Eltern zu erfüllen. Ist das gesunde Kind ein Mädchen, überträgt man ihm eher Anteile an der Pflege des Kranken.*
* *Geschwister von Behinderten sind angepasster und meist reifer,*

als es ihrem Alter entspricht. Sie sind toleranter, hilfsbereiter und offener für die sozialen Nöte anderer.

* *Die gesunden Geschwister beurteilen ihre Freunde danach, wie diese auf den Behinderten in der Familie reagieren.*

* *Die gesunden Geschwister stehen unter erheblichem Leistungsdruck.*

* *Gesunde Geschwister in der Pubertät neigen dazu, den Behinderten als Person nicht ernst zu nehmen.*

* *Die gesunden Geschwister empfinden die Bitte der Eltern um Hilfe bei der Pflege des Kranken häufig als Eingriff in ihr persönliches Leben. Oder sie fühlen sich dadurch besonders für voll genommen, weil sie als Partner der Eltern gesehen werden.*

Interessant ist, dass gerade Geschwister von Behinderten auffallend häufig helfende Berufe wählen. Sie werden Arzt, Krankenschwester, Physiotherapeut, Sozialarbeiterin oder Seelsorger. Das liegt vielleicht daran, dass viele von ihnen auf diese Weise ihre Schuldgefühle abarbeiten oder ihr antrainiertes Verantwortungsbewusstsein ausleben können. Manchmal nimmt die Akzeptanz für das behinderte Geschwister im Laufe der Jahre immer mehr ab. So schrieb mir die Tochter von Freunden:

Ich werde älter und verändere mich. Aber meine Schwester bleibt immer dieselbe. Und manchmal habe ich sogar das Gefühl, sie würde sich zurückentwickeln. Sie ist ja eigentlich genauso erwachsen wie ich. Ich bin es wirklich, sie aber bleibt doch immer nur ein Kleinkind. Es wird sich niemals ändern, und das stimmt traurig.

Manchmal kommen wir gar nicht auf den Gedanken, dass ein Kind mit einem leicht behinderten Geschwister leiden könnte. So ist es ihm Fremden gegenüber vielleicht furchtbar peinlich, dass ein nach außen gesunder Bruder in einer fröhlichen Runde keinen Mucks von sich gibt, weil er gar nicht sprechen kann.

Je weniger eine Behinderung nach außen sichtbar ist, desto schwerer können Geschwister manchmal damit umgehen. Das für Fremde unerklärliche Verhalten des Kranken ist ihnen peinlich. Wäre die Behinderung offensichtlicher, würde sich das sonderbare Verhalten von selbst erklären.

Unsere persönlichen Erfahrungen

Unser zweites Kind war ein stark geistig behinderter Junge. Er starb mit 22, und bis zum Schluss war er nicht weiter entwickelt als ein 18 Monate altes Kleinkind. Wir fragten uns immer wieder, wie sehr Matthews Behinderung Einfluss auf das Leben unserer Tochter Sheryl nehmen würde. Sie schien ganz gut mit der Situation zurechtzukommen. Dennoch waren wir uns nicht sicher. Immer wieder machten uns einzelne Ereignisse im Laufe der Jahre skeptisch.

Eines Tages war Sheryl drüben bei den Nachbarn, wo sie das Baby hüten sollte, das drei Monate jünger war als ihr eigener Bruder. Es drehte sich bereits selbstständig um und konnte sitzen, obwohl es doch jünger war. Als Sheryl nach Hause kam, fragte sie, warum das Baby der Nachbarn das alle schon könne und Matthew nicht, obwohl er älter sei. Meine Frau erklärte ihr, dass unser Baby eben langsamer sei und diese Dinge noch einen Weile nicht können werde. Sheryl erwiderte darauf nichts, aber man sah ihr an, wie verletzt sie war.

Als Sheryl älter wurde, versuchte sie niemals, vor anderen die Tatsache zu verbergen, dass ihr Bruder geistig behindert war – auch nicht vor ihren Freundinnen. Wir fragten uns, ob ihr die Krankheit des Bruders peinlich sei. Aber sie brachte wie selbstverständlich Freundinnen mit nach Hause, und wenn diese dem Bruder begegneten, sagte sie nur: „Das ist mein Bruder. Er ist ein bisschen zurückgeblieben." Und damit ging sie zur Tagesordnung über. Ihre Freundinnen waren es, die oft nicht wussten, wie sie sich verhalten sollten.

Als Sheryl in die Oberschule kam, bemerkten wir, dass sie ausgesprochen sensibel und hilfsbereit reagierte, wenn sie irgendwo Kranken und Behinderten begegnete. Oder sie stellte sich schützend vor sie, wenn sie von anderen angegriffen wurden. Nachdem Sheryl dreißig geworden war, fragte ich sie, wie sehr sich Matthews Behinderung auf ihr Leben ausgewirkt und welche Probleme sie dadurch zu bewältigen gehabt habe.

„Als ich klein war, hatte ich mit Matthews Behinderung überhaupt keine Probleme. Ich kann mich jedenfalls nicht daran erinnern", sagte sie. „Ich habe mich nie vernachlässigt gefühlt. Meine erste Erinnerung an Matthew ist ein Spaziergang mit ihm. Großmutter und ich machten mit ihm ein paar Schritte um den Block, als er plötzlich einen Anfall bekam. Großmutter war furchtbar aufgeregt. Ich lief schnell zu einem Haus und klopfte an die Tür. Ich erzählte der Frau, dass mein Bruder einen Anfall habe, weswegen ich einen Löffel brauche. Die Frau kam und nahm ihn in den Arm. Den Löffel steckte sie ihm in den Mund, damit er nicht erstickte. Ich blieb damals ziemlich ruhig. Ich fühlte mich schon als großes Mädchen, weil ich ihm helfen konnte.
Als größeres Mädchen machte mir sein Zustand nichts aus. Ich war mir gar nicht bewusst, was eine solche Behinderung in Wirklichkeit bedeutet. Erst als ich erwachsen wurde, begriff ich es. Und dann fiel es mir auch schwerer, mich damit abzufinden. Ich fand es jedes Mal furchtbar, im Pflegeheim all die behinderten Menschen zu sehen. Es hat mich jedes Mal innerlich zerrissen. Es belastet mich noch heute sehr, wenn ich behinderte Kinder sehe."

Wir redeten noch ein wenig weiter, und ich sagte ihr, dass ich sie gut verstehen könne, weil es mir genauso gehe, sobald ich Behinderte zu Gesicht bekäme. Ich brauchte tatsächliche Jahre, um mir darüber klar zu werden, dass mein Unwohlsein im Grunde die Frustration darüber war, dass ich nicht hingehen und die Menschen heilen konnte.

Richtig sprachlos war ich dann über Sheryls abschließende Bemerkung: *„Ich glaube gar nicht, dass es unsere Aufgabe gewesen ist, Matthew zu heilen. Ich denke, dass der Zweck seines Daseins darin* *bestand, uns alle innerlich heil zu machen. Wir sind heute alle andere Menschen, weil er unter uns war. Ich jedenfalls weiß, dass ich durch Matthew ein anderer Mensch geworden bin."*

Ich war ganz verblüfft und versuchte, diese großartigen Gedanken richtig zu fassen. Statt einer Antwort flossen die Tränen. Als sie zu mir trat, um mich zu umarmen, sagte ich ihr, dass sie in diesem Augenblick wohl kaum etwas Bewegenderes hätte sagen können.

Sicher, man hat es bestimmt nicht leicht mit einem behinderten Kind. Aber es gehört auch zu den großartigen Gelegenheiten im Leben, Mitgefühl zu lernen und die Erfahrung zu machen, dass Gott mit seinem Trost immer bei uns ist.

Viel hängt von der Einstellung ab

Wenn die Eltern sterben, stellt sich die Frage, wer von den Geschwistern fortan für den Behinderten sorgt. Die rechtliche Frage der Vormundschaft muss dann geklärt werden. Der Widerstand unter den Geschwistern mag groß sein, die Verantwortung zu übernehmen. Und so mancher Geschwisterkrieg ist über dieser Frage ausgebrochen. Oft sind dann schon alle Kinder verheiratet und haben eigene Familien gegründet, und so fällt es schwer, sich noch eine weitere Pflicht aufzubürden. Ist noch ein Single unter den Geschwistern empfinden die anderen meist, dass es seine Pflicht sei, die Pflege des Behinderten zu übernehmen.

Das Leben mit einem Behinderten ist für die Geschwister keineswegs nur Last und Qual. Wie Sheryl so treffend bemerkte, kann der behinderte Mensch das Leben anderer bereichern, indem er ihm einen Sinn gibt. Und Sinn bedeutet immer auch Lebensfreude. Viel hängt also davon ab, welche Einstellung wir dem Behinderten gegenüber einnehmen.

7. Geschwisterkämpfe

Im Laufe meines Lebens bin ich Zeuge so mancher Kampfhandlung geworden. Das waren nicht etwa Kriege zwischen den Nationen und auch keine Kämpfe zwischen Alt und Jung. Nein, es waren immer wieder die bis zur Erschöpfung geführten Kriege unter Geschwistern. Und viele dieser Kriege dauerten länger als der 30-jährige Krieg! Das Waffenarsenal ist jedes Mal groß: Da wird gezankt, es werden Spitzen verteilt, hasserfüllte Briefe geschrieben und Telefonhörer auf den Apparat geknallt. Es wird eisern geschwiegen und auf Jahre jeder persönliche Kontakt unterbunden. Geschwister verlieren einander irgendwann durch den Tod, aber manchmal ist die Trennung nach einem Streit noch viel schlimmer.

Die Kämpfe der Geschwister helfen, sich persönlich zu entfalten

Wohl alle Geschwister zanken sich und rangeln, wenn sie noch Kinder sind. Bei Ihnen zu Hause war das sicher nicht anders. Und worum haben Sie gestritten? Ging es um Macht und Dominanz? Wollten Sie sich in den Vordergrund spielen und den Eltern gegenüber eine bessere Position erkämpfen? Vielleicht ging es auch um Gebietsansprüche im Haus, um Spielsachen oder anderen Besitz, vielleicht um Freundschaften. Oder Sie wollten einfach nur den anderen ärgern. Haben sich diese Streitereien durchweg negativ ausgewirkt? Keineswegs. Sie hatten durchaus eine Funktion und waren Teil Ihrer Vorbereitung aufs Leben.

Auch wenn die Kämpfe damals bestimmt nicht immer angenehm waren, so haben sie Ihnen doch die Möglichkeit eröffnet, Ihre Kräfte zu messen. Sie erfuhren und erlebten, wo Ihre Stärken und wo Ihre

Grenzen lagen. Sie lernten, Ihr Verhandlungsgeschick und Ihr Konfliktmanagement einschätzen.

Das alles sind Fertigkeiten, die Sie heute als Erwachsener immer wieder brauchen. Sie erfuhren, was Loyalität, Fairness und Vertrauen bedeuten. Sie lernten, dass Sie ein Recht auf eine eigene Meinung haben, die sich durchaus von der Ihrer Mitmenschen unterscheidet. Sie lernten, zu sich selber zu stehen. Vielleicht war Ihnen das ständige Gerangel so manches Mal zuwider, aber auf diese Weise sind Sie doch viel besser aufs Leben vorbereitet worden. Diese Erfahrungen befähigen Sie heute, sich in der Welt der Erwachsenen besser zurechtzufinden.

Wer sich mit dem Bruder oder der Schwester streitet, wird das eher mit offenem Visier tun als bei einem Freund. Bei Geschwistern nimmt man gewöhnlich kein Blatt vor den Mund. Warum eigentlich? Weil man sich bei Familienangehörigen sicherer fühlt. Man kann sich darauf verlassen, dass sie bleiben. Bei Freunden ist das schon anders. Eine verwandtschaftliche Beziehung hält – so meint man zumindest – eher Meinungsverschiedenheiten aus. Man ist sich dabei ihrer Unauflösbarkeit bewusst. Und deshalb erscheint das Risiko ungeschminkter Äußerungen geringer.

Wenn das Kriegsbeil niemals begraben wird

Das Zanken und Streiten in der Kindheit hat meistens ein Ende, sobald die Geschwister erwachsen werden. Aber es kommt auch vor, dass der Krieg weitergeht. Dabei kann es um dieselben alten Konflikte aus der Kinderzeit gehen, oder die alten Streitpunkte werden nun neu verpackt ausgefochten. Jeder Anruf, jedes persönliche Zusammentreffen ist immer nur die Fortsetzung ein und derselben Familientragödie, die in der Kindheit ihren Anfang nahm. So erzählte mir eine 40-jährige Mutter:

Ich rede mit meiner jüngeren Schwester alle 14 Tage oder auch nur einmal im Monat. Öfter würden es mein Mann und meine

Kinder gar nicht aushalten. Wenn sie wissen, dass wir miteinander reden, verlassen sie fluchtartig für mehrere Stunden das Haus, denn sie wissen ganz genau, was bei unserem Gespräch herauskommt. Es wird wieder nicht gut ausgehen. Das ist noch nie geschehen. Wir beide schaffen es einfach nicht. Ich bin nach solch einem Gespräch immer fix und fertig. Und ich kann es meiner Familie nicht übel nehmen, dass sie hinterher nicht den Blitzableiter spielen wollen. Wenn ich anrufe, habe ich oft das Gefühl, gerade kurz vorher aufgelegt zu haben. Dort, wo wir beim letzten Mal Schluss gemacht haben, fahren wir mit dem Streiten fort. Es wäre so schön, wenn wir gut miteinander auskämen. Aber im Grunde kann ich mir das überhaupt nicht vorstellen.

Was sind das für mögliche Streitpunkte, über die sich Geschwister noch als Erwachsene die Köpfe heiß reden? Was hält sie davon ab, sich die Hände zu reichen oder sich in die Arme zu fallen? Warum belauern sie sich immer nur wie Kampfhähne? Es könnte doch einer für den anderen da sein.

Findet man denn immer wieder neuen Konfliktstoff oder handelt es sich tatsächlich meist nur um aufgewärmte Geschichten aus der Kindheit? In vielen Fällen sind tatsächlich die Eltern die eigentlichen Urheber. Wer sich von ihnen benachteiligt fühlt, sucht auch als Erwachsener noch die ausgleichende Gerechtigkeit. Der Sündenbock beginnt aufzubegehren. Das „gute Kind" in den Augen der Eltern wird zum „bösen Kind" in den Augen des Sündenbocks. Und dieser will nun endlich den gerechten Ausgleich für alles Erduldete. Es ist die Zeit der Abrechnung gekommen. Oft genug aber schießt der Sündenbock aus der Kindheit nun übers Ziel hinaus, und die Rache nimmt kein Ende mehr. Der Sündenbock zählt noch immer die alten Ungerechtigkeiten, während seine Geschwister nun die neuen Schandtaten ihres alten Sündenbocks erneut zum Anlass nehmen, ihn auszugrenzen.

Oft gießen die Eltern noch bewusst oder unbewusst Öl ins Feuer, indem sie den Bruder oder die Schwester in den Himmel heben. Der Bruder habe schon wieder ein neues Auto oder die Schwester habe wie erwartet ihr Examen mit Auszeichnung bestanden. Die Kinder des Bruders hätten wieder ein Superzeugnis nach Hause gebracht, und die Schwester könne es sich leisten, nach Übersee zu fliegen. Was will man damit durch die Blume sagen? „Die sind so toll, aber du taugst nichts."

Und hat der Betreffende doch einmal etwas vorzuweisen, bekommt er nach seinem freudigen Bericht sofort einen Dämpfer, weil seine Leistung gleich wieder durch einen Vergleich mit den Leuchten unter den Geschwistern relativiert wird. Benjamin erzählte mir:

> Papa ist ein Meister seines Fachs, wenn es darum geht, uns gegenseitig auszuspielen. Wenn ich ihm erzähle, dass wir etwas gekauft haben, fragt er garantiert gleich: „Was hat es gekostet?" Und wenn ich es ihm dann sage, berichtet er entweder, dass mein Bruder sich auch so was gekauft habe oder es sei großer Mist. Ich hätte ihn erst fragen sollen. Oder mein Bruder hat es wesentlich billiger erstanden und damit im Gegensatz zu mir ein Schnäppchen gemacht. Man hat manchmal den Eindruck, er würde es darauf anlegen, uns gegeneinander auszuspielen. Ich begreife nicht, warum er das andauernd tut.

Vielleicht glaubt so mancher Vater, er könne auch noch seine bereits erwachsenen Kinder besser an der Kandare halten, wenn sie sich immer wieder gegenseitig an die Kehle gehen.

Ich habe Geschwister im Alter von 8 bis 88 erlebt, die ständig im Streit lagen. Und in den allermeisten Fällen waren diese Streitereien ein Spiegelbild elterlicher Verhaltensweisen, die ihrerseits miteinander nicht auskamen. Die Eltern waren zum Vorbild für das Fehlverhalten ihrer Kinder geworden.

Es sind jedoch keineswegs immer nur die Eltern an Geschwisterkonflikten schuld. Auch die Beteiligten selbst können ursächlich für Zank und Streit verantwortlich sein. Es kann vorkommen, dass man ein Geschwister vor die Nase gesetzt bekommt, mit dem einfach keine friedliche Koexistenz möglich ist. So meinte ein junger

Mann einmal: *„Was habe ich getan, dass ich solch eine Schwester verdiene? Jemand da oben muss mich nicht besonders mögen."* Es kann sogar so weit kommen, dass man lieber auf die Erbschaft verzichtet, als sich noch länger mit dieser Schwester oder diesem Bruder herumschlagen zu müssen.

Billy, das schwarze Schaf

Der Kampf zwischen den Geschwistern kann ganz unterschiedliche Formen annehmen. Und manchmal ist ein Geschwister sogar bereit, die ständigen Angriffe und Gemeinheiten des anderen zu tolerieren. Ich erinnere mich an einen speziellen Fall, bei dem der ältere Bruder der Duldsame war. Jimmy hatte einen 14 Jahre jüngeren Bruder. Und in vielerlei Hinsicht waren sie füreinander eher Fremde als Brüder.

Als Billy acht war, machte Jimmy bereits seinen Abschluss an der Schule. Und als Billy 15 war, wurde der Vater sehr krank. Das Resultat war, dass Billy nichts anderes übrig blieb, als zu Hause auf der elterlichen Farm zu bleiben und für den siechenden Vater zu sorgen. Als der Vater dann starb, erbte jedoch Jimmy den Hof, während Billy mit einer geringen Summe abgefunden wurde. Das Geld war schnell durchgebracht, und Billy, inzwischen mittellos, bat seinen Bruder um einen Job im Lagerhaus der Farm. Jimmy war einverstanden. Er ging allerdings davon aus, dass sein Bruder genauso behandelt werde wie jeder gewöhnliche Angestellte. Billy ging anschließend zur Marine, und dann studierte er noch an der Universität, bis er sein Studium abbrach.

Als Billys älterer Bruder Gouverneur von Georgia wurde, bekam Billy die Chance, die Farm der Familie zu bewirtschaften. Und das ging auch gut. Aber dann kam alles plötzlich ganz anders. Sein Bruder, Jimmy Carter, wurde zum Präsidenten der Vereinigten Staaten gewählt. Und um Interessenkonflikte zu vermeiden, übergab er die Farm einem Treuhänder.

Billy versuchte, die Farm zu kaufen. Aber sein Angebot wurde abgewiesen. Billy hatte nun nicht nur seine Arbeit, sondern in gewisser Weise seine ganze Identität verloren. Er hatte das Gefühl, sein Leben bereits gelebt zu haben. Er begann Groll gegen seinen Bruder zu entwickeln, denn ihn machte er für seine Probleme verantwortlich. Das machte sich bald in seinem Verhalten dem Präsidenten gegenüber bemerkbar. Carters Berater waren ständig besorgt, dass Billy Schwierigkeiten machen könnte. Bereits frühere Präsidenten wie Lyndon Johnson und Richard Nixon mussten Maßnahmen ergreifen, um zu verhindern, dass ihre Brüder ins Rampenlicht der Öffentlichkeit gerieten. Aber Präsident Carter tat dies nicht.

In den folgenden vier Jahren war Billy mehrfach in den Schlagzeilen der Presse. Er erschien betrunken auf Pressekonferenzen und anderen öffentlichen Veranstaltungen. Als es dem Präsidenten darum ging, vor seiner möglichen Wiederwahl die Sympathien der jüdischen Bevölkerung zurückzugewinnen, machte Billy öffentlich antisemitische Bemerkungen. Billy erzielte größere Gewinne aus fragwürdigen Geschäften, musste wegen seiner Alkoholkrankheit in die Klinik, und es drohte ihm die Kündigung seiner Hypothek, die er auf sein 300.000 Dollar-Haus aufgenommen hatte. Jimmy nahm zu all dem niemals öffentlich Stellung. Er verurteilte seinen Bruder nicht, obwohl er sicher so manches Mal mehr als besorgt war.

Es kommt öfters vor, dass Geschwister in eine fatale Schicksalsgemeinschaft geraten. Das war auch bei Jimmy und Billy der Fall. Charakter und Identität des einen heben die Eigenschaften des anderen in solch einer Verstrickung noch besonders hervor. Präsident Carters christlicher Lebenswandel und sein gesittetes Wesen treten durch die Eskapaden seines Bruders umso deutlicher zutage.

Billys Lebensweise ist wahrscheinlich ein klassisches Beispiel für einen Menschen, der sich in seinem Bemühen um Aufmerksamkeit regelmäßig in Schwierigkeiten bringt. Das ist seine Art, mit anderen Menschen in Kontakt zu kommen. Und es ist gar nicht so selten, dass Geschwister untereinander die einzige Art der Kontaktaufnahme pflegen, die sie kennen, nämlich durch Zank und

Streit. Sie kämpfen lieber miteinander, als einsam für sich zu bleiben. Doch dieses negative Verhaltensmuster wird dann ins Erwachsenenalter mitgenommen, und die Kontaktaufnahme geschieht noch genauso, wie man es sich in der Kindheit angewöhnt hat.

Konflikte durch Krisen

Viele Geschwister kommen ganz gut miteinander zurecht, solange das Leben in geordneten Bahnen verläuft. Doch sobald irgendwelche Unregelmäßigkeiten ins Spiel kommen, geraten auch die zwischenmenschlichen Beziehung aus dem Gleichgewicht. Jede Krise kann einen Sinneswandel bei den Beteiligten nach sich ziehen. Die Ursachen können mannigfach sein: Stellungswechsel und Umzug, Einschulung, Hochzeit, Gerichtstermine, ungewollte Schwangerschaften, plötzliche Ablehnung durch Personen, die einem bislang nahe standen, oder ein neuer Schwiegersohn, der nicht in die Familie passt.

Ein Ereignis, das an sich keine Krise ist, aber zu einer werden kann, ist ein Familienfest. Denken Sie nur an Weihnachten. Die Feiertage können richtig Spaß machen, so dass man hinterher glücklich und zufrieden in den Alltag zurückkehrt. Sie können aber auch gründlich danebengehen. Für die einen waren es festliche Tage, an die man sich gern erinnert. Für die anderen aber bedeutete diese Zeit das Aufflammen von Kriegen vergangener Tage mit all ihren Scharmützeln und Schlachten. Stellen Sie sich vor, sie treffen sich alle zum ersten Weihnachtsfeiertag. Und dann geht es los:

* *Wer sitzt wo am Tisch? Gibt es eine Rangordnung nach Bedeutung? Oder entsteht rein zufällig die alte Hackordnung Ihrer Kinderzeit an der Tafel?*
* *Wie sieht es mit den Geschenken aus? Sitzen Sie da und taxieren heimlich die Preise der Geschenke, die Sie und die Geschwister bekommen haben? Kommen alte Ressentiments wieder hoch?*

*Freuen sich Ihre Eltern über Ihr Geschenk genauso über-
schwänglich wie über die der Geschwister? Zeigt die Körper-
sprache, dass jemand sich vernachlässigt fühlt?*

*Werden bestimmte Enkelkinder besonders beachtet und andere
links liegen gelassen? Jeder will doch, dass seine Kinder genug
vom großen Kuchen abbekommen.*

*Vielleicht waren die Familienfeste Ihrer Kindheit friedvoll und
harmonisch. Die Feste jetzt jedoch sind immer nur spannungsgeladen, und es kommt ständig zu irgendwelchen Reibereien.
Schließlich kommen unter Umständen dreimal mehr Leute
zusammen als früher. Ein Schwager dominiert alle Gespräche,
der andere erscheint mit einem Schwips. Eine Schwester möchte sich am liebsten im Mauseloch verkriechen, und die Kinder
sind von der Mattscheibe gefesselt.*

*Ihr Partner wird umschwärmt, während Sie von Ihren Ge-
schwistern kaum beachtet werden. Und so fühlen Sie sich in
die Ecke gedrängt.*

Solche Feste sind für viele Familien eine Selbstverständlichkeit. Und
man erwartet, dass sich keiner ausschließt. Spannungsgeladen sind
diese Zusammenkünfte hauptsächlich, weil Menschen zusammentreffen, die sich eigentlich viel lieber aus dem Weg gehen.

Die meisten von uns erwarten viel von Feiertagen. Aber diese
Erwartungen werden längst nicht immer erfüllt. Vergangenheit und
Gegenwart treffen aufeinander wie zwei kritische Massen. Sie haben längst die Rolle gewechselt, die man Ihnen früher zugedacht
hatte. Und nun werden Sie schon wieder unter Druck gesetzt, sich
den Erwartungen entsprechend zu verhalten. Geben Sie in diesem
Fall nach und schlüpfen Sie in ihre alte Rolle, dann ärgern Sie sich
über sich selber, und Sie fragen sich, ob der Rollenwechsel am Ende
überhaupt bei Ihnen stattgefunden hat.

Für die alten Eltern sorgen

Ein weiteres Konfliktpotenzial birgt der Rollentausch in sich, den Eltern und Kinder eines Tages vollziehen müssen, ob sie es wollen oder nicht. In dem Augenblick, da Ihre betagten Eltern hilfsbedürftig werden, übernehmen Sie die Elternrolle von ihnen. Die Kinder tragen von nun an die Verantwortung für ihre eigenen Eltern. Nun müssen Sie für Arzttermine sorgen, die Medizin verabreichen und darüber befinden, wo die Eltern wohnen.

Wer von den Geschwistern übernimmt aber diese Aufgabe? Und warum gerade der eine und nicht der andere? Werden alle gemeinsam die Ärmel hochkrempeln und ihren Teil beitragen? Wird der Bruder, der sich auch schon früher immer aus dem Staub gemacht hat, wenn es Arbeit gab, nun wieder das Weite suchen? Wird ein Geschwister die Verantwortung übernehmen und Entscheidungen treffen, ohne die anderen zu befragen? Oder sind die anderen sogar froh, wenn sie nicht belästigt werden?

Nicht selten hört man dann, wenn die Entscheidung ansteht, Sätze wie diesen: „Du warst schon immer Papas Liebling. Nun bist du auch dran. Jetzt ist Zahltag." Oder: „Du bist die Älteste. Wer so viele Privilegien genossen hat, der muss auch mal an die Pflichten denken." Manchmal übernimmt auch eins der Geschwister freiwillig die Pflege, um sich bei den Eltern lieb Kind zu machen. Es könnte ja das Testament noch zu seinen Gunsten umgeschrieben werden. Also selbst die Pflege betagter Eltern muss oft noch als Austragungsort von Geschwisterkämpfen herhalten.

Geschwister mit stark ausgeprägtem Konkurrenzdenken werden möglicherweise ihr Leben lang miteinander im Wettstreit stehen – wenn auch nicht mehr so intensiv wie in der Kinderzeit. Doch sobald die Mutter zu altern beginnt, wird der frühere Kampfgeist wieder geweckt und man beginnt, sich um ihr Wohlergehen zu streiten, besonders dann, wenn die Mutter für das Konkurrenzdenken der Kinder verantwortlich war. Jedes Kind behauptet dann von sich, ganz besonders das Wohl der Mutter im Auge zu haben.

Doch das unbewusste Motiv ist in Wahrheit, den allerletzten Wettstreit für sich zu entscheiden.

Die Lasten für die Pflege der Eltern sind leider in vielen Fällen sehr ungleich verteilt. Im Grunde belegt jede soziologische Untersuchung, dass es in den meisten Fällen die Töchter (oder auch Schwiegertöchter) sind, die die Pflege übernehmen. Allerdings übernimmt nicht immer die Älteste die Aufgabe.

Ich war mehr als verblüfft, als ich folgendes Ergebnis von Untersuchungen las: Eine Mutter kümmert sich ca. 17 Jahre um ihr heranwachsendes Kind. Und wegen der gestiegenen Lebenserwartung versorgte dieselbe Frau dann noch einmal um die 18 Jahre ihre betagten Eltern. Sie sieht sich also unter Umständen ohne Pause in die Pflicht genommen. Was aber geschieht, wenn die Söhne sich immer schön heraushalten und – typisch Mann – von der Seitenlinie kluge Ratschläge geben? Die Schwester reagiert verärgert, und es entstehen Spannungen. Und die kann jemand überhaupt nicht gebrauchen, der pflichtbewusst die Pflege alter Menschen übernimmt.

Leben Ihre Eltern noch? Wer wird ihnen beistehen, wenn sie einmal Hilfe brauchen? Ist darüber schon einmal gesprochen worden? Falls nicht, dann sollten Sie dieses Thema bei der nächsten Zusammenkunft mit Ihren Geschwistern auf die Tagesordnung setzen.

Streitpunkt Testament

Ein weiteres Thema, das in aller Ruhe besprochen werden sollte, ist das liebe Geld. Manche Kinder denken schon lange Zeit vor dem Ableben der Eltern darüber nach, wie viel Geld und Besitz ihnen zusteht. Sie stecken sozusagen schon rechtzeitig ihre Claims ab und bewachen sie dann eifersüchtig, weil sie meinen, ein Anrecht darauf zu haben. Manche besitzen sogar die Dreistigkeit, schon vorher die Herausgabe des Erbteils zu verlangen. Das aber gab es offenbar schon immer. Jesus erzählt in einem seiner Gleichnisse davon:

Ein Mensch hatte zwei Söhne; und der jüngere von ihnen sprach zu dem Vater: Vater, gib mir den Teil des Vermögens, der mir zufällt! Und er teilte ihnen die Habe (Lukas 15,11-12).

Dieser Sohn erbat sich das Erbe, obwohl der Vater noch lebte und es ihm gut ging. Nach der Tradition des vorderen Orients bedeutete dies, dass dem Vater signalisiert wurde: „Vater, ich warte händeringend auf dein Ableben." Es ist also eine unerhörte Bitte und eigentlich undenkbar in dieser Kultur. Heutzutage gibt es allerdings viele Kinder, die ihre Eltern in dieser Richtung bedrängen – allerdings meist mit etwas mehr Raffinesse. So leihen sie sich Geld von den Eltern, versprechen hoch und heilig, es zurückzuzahlen und tun es dann doch höchst selten. Die Geschwister sind darüber natürlich erbost, weil sie ihre Eltern hinters Licht geführt sehen und weil ihnen möglicherweise später etwas an ihrem eigenen Erbe fehlt.

Im Gleichnis erfüllte der Vater die Bitte, was bedeutete, dass er dem Sohn ein Drittel seines Besitzes übergab. Das war der übliche Anteil, den das jüngste Kind bekam. Der Vater aber konnte nicht so einfach zur örtlichen Bank gehen und das Geld abheben. Das meiste Vermögen war schließlich fest angelegt. Es mussten also erst Güter verkauft werden. Das ganze Dorf bekam Wind davon, und das konnte dem Vater nicht angenehm sein. Es war eine Schande für seine Familie.

Die Gier der Kinder auf das Erbe der Väter ist im Laufe der Jahrtausende nicht geringer geworden. Heute wird ohne Hemmungen vor Gerichten gestritten, und man schämt sich nicht, seine Geschichte in den Medien auszubreiten.

Welche Rolle spielte das Geld in Ihrer Ursprungsfamilie? War es knapp oder stand es reichlich zur Verfügung? Wurde es gerecht verteilt oder wurden die Lieblinge reichlicher damit ausgestattet? Sind Sie finanziell auf- oder abgestiegen? Wurde Besitz oder Geld jemals zum Zweck der Bestechung, Belohnung oder Bestrafung eingesetzt?

Kinder verwechseln oft Geld oder materiellen Besitz mit Liebe.

Wenn du lieb im Laden bist, kriegst du auch was Süßes.
Für eine Eins kriegst du was auf die Hand.
Bei einem Abi-Durchschnitt von 12 Punkten finanzieren wir dir dein Studium. Sonst musst du für dich selber sorgen.

Wurde Ihnen auch schon mal das Taschengeld gekürzt, weil Sie nicht den Vorstellungen Ihrer Eltern entsprachen?

Der Einsatz von Geld zur Leistungssteigerung ruft ganz ambivalente Gefühle bei einem Kind hervor. Das Geld, das das Kind erhält, bekommt eine völlig ungerechtfertigte Bedeutung, denn es wird zum Symbol für elterliche Akzeptanz oder Ablehnung. Es stimuliert Geschwisterrivalitäten und weckt die Gier nach mehr. Und so wird zum obersten Ziel des Kindes, sich in einem möglichst positiven Licht darzustellen, um aus finanziellen Gründen der Liebling der Eltern zu werden. Üppige Zuwendungen können aber auch von dem Kind dazu eingesetzt werden, sich im Geschwisterkampf einen Vorteil zu verschaffen und unangreifbarer zu werden.

Wenn die Eltern sterben, stellt sich oft sehr schnell heraus, dass das vorliegende Testament eine tickende Zeitbombe war. Es werden plötzlich neue Wunden geschlagen und alte aufgerissen. Ein Testament teilt das Vermögen, aber oft genug teilt es auch noch die Familien. Wenn jedoch die Beziehungen innerhalb einer Familie intakt sind, kann man sich friedlich auf Regelungen einigen, die für Außenstehende sogar ungerecht erscheinen mögen.

Ist das Familiensystem jedoch zerrüttet, kann es geschehen, dass jede gefundene Regelung von irgendeinem als Ungerechtigkeit empfunden wird. Was einem Kind durch das Testament vermacht wird, ist nicht nur das Geld oder der materielle Besitz allein. Es ist vielmehr eine Botschaft über den persönlichen Wert in den Augen der Eltern. Das Erbe wirkt also gewissermaßen wie ein Gütesiegel.

Gerade wenn durch das Erbe deutlich wird, dass ein Kind dem anderen vorgezogen wird, ist das besonders schwer zu verkraften. Schließlich sind die Kinder beim Tod der Eltern in einem emotional höchst labilen Zustand. Sie müssen Trauerarbeit leisten und den Verlust erst einmal verkraften. Und die Botschaft eines Testamentes kann dann noch zusätzlich einen Illusionsverlust bedeuten.

In dieser Situation gehen viele Geschwisterbeziehungen in die Brüche – nicht weil man sich gegenseitig etwas angetan hätte, sondern weil die Eltern ihren Kindern nicht gerecht geworden sind. Eltern vergessen oft, dass ein Testament etwas über die Beziehung zwischen ihnen und den Kindern aussagt. Die Erbschaft ist nur die Fortsetzung dessen, was sich in der Vergangenheit zwischen Eltern und Kindern abgespielt hat.

Wer kennt nicht Filmszenen, in denen eine Testamentseröffnung dargestellt wird. Dem Notar gegenüber sitzen die Hinterbliebenen mit stoischer Miene und versuchen mehr oder weniger erfolgreich zu verbergen, was in ihnen vorgeht. Doch jeder ist höchst gespannt drauf, was ihm zugedacht worden ist und ob sein Anteil gerecht ist. Manchmal kommt es nach der Verlesung zu Tumulten und Wutausbrüchen, weil große Hoffnungen zunichte gemacht worden sind. Und dann wird vorschnell der Krieg erklärt und so mancher Waffenstillstand gebrochen.

Der Schifffahrt- und Eisenbahnpionier Cornelius Vanderbilt hinterließ bei seinem Tod 1878 ein Vermögen von 100 Millionen Dollar. Weil aber seine Kinder ihm nicht gleich viel bedeuteten, vermachte er ihnen recht unterschiedliche Anteile. Fünf Töchter bekamen jeweils 250.000 Dollar. Die anderen bekamen etwas mehr in unterschiedlichen Beträgen. Sein jüngster Sohn, Cornelius jr., war ein Frauenheld und Spieler. Er bekam noch weniger und nur unter der Bedingung eines tadellosen Lebenswandels. Sein Lieblingssohn William, der sich als ausgesprochen verantwortungsbewusst gezeigt hatte und es verstand, richtig Geld zu machen, bekam den Löwenanteil des Vermögens. Zwei Schwestern und Cornelius jr. fochten das Testament an, und es wurde ein öffentlicher Skandal daraus. Schließlich einigte man sich auf einige kleinere Änderungen.

Die Erwartungen überdenken

Falls Sie schon längere Zeit mit einem ihrer Geschwister ein Problem haben, das sich nicht lösen lässt, sollten Sie Ihre Erwartungen überdenken. Vielleicht hilft eine neue Denkweise. Mit welchem Ihrer Geschwister zanken Sie sich am meisten? Schreiben Sie doch einmal auf einen Zettel, was Sie ganz konkret an dieser Person stört.

Überlegen Sie, ob Sie nicht irgendeinen entscheidenden Schritt tun könnten, der Ihnen hilft, etwas mehr Toleranz diesen negativen Eigenschaften gegenüber zu entwickeln. Folgende Erkenntnis hat jemand formuliert und aufgeschrieben, der es lernen wollte, mit den Charakterschwächen seines Bruders zu leben:

Mein älterer Bruder ist mir gegenüber äußerst kritisch eingestellt. Ich erkenne das und kann damit leben. Mir ist bewusst geworden, dass das für ihn ein Schutzmechanismus gegen eigene Verletzungen und Kränkungen ist. Ich kenne die Gründe dafür nicht. Vielleicht erfahre ich sie eines Tages. Möglicherweise aber auch nicht. Im Moment kann ich nicht mehr erwarten.

Am vielversprechendsten ist es in dieser Situation wohl immer noch, durch das Gebet für den Betreffenden auf eine Veränderung hinzuwirken. Bitten Sie Gott, Ihnen das Herz für Ihren Bruder, Ihre Schwester zu öffnen, damit Sie ihn oder sie besser verstehen, damit Sie geduldiger und toleranter werden. Bitten Sie Gott, mit seiner heilenden Kraft direkt an den Wurzeln des Problems anzusetzen.

Ein Klient in meiner Seelsorgepraxis erzählte mir folgende erstaunliche Geschichte. Es wird nicht immer so gut ausgehen. Doch es scheint immerhin möglich zu sein.

Als ich meiner älteren Schwester – der Familienperfektionistin und Buchhalterin aller je begangenen Fehler – neulich wieder begegnete, erklärte ich ihr, dass ich nichts dagegen habe, wenn sie ständig versuche, perfekt zu sein und das auch von uns erwarte. Sie könne ruhig unsere Fehler zählen. Das würden wir hinnehmen. Doch ich fügte hinzu, dass ich mir um sie Sorgen mache, denn wenn sie sich uns gegenüber so aufführe, werde sie ja wohl auch sich selbst gegenüber so streng sein. Ich ließ sie wissen, dass ich für sie bete. Der Herr möge ihr doch die eigentliche Ursache dieser Strenge gegen sich selbst zeigen.

Sie sagte darauf nichts, und ich dachte schon, sie werde jeden Augenblick anfangen zu weinen. Tage vergingen, und gestern rief sie mich wieder an. Ich hatte zunächst das Gefühl, mit einer völlig fremden Person zu reden. Keine einzige kritische Bemerkung! Sie war sogar richtig freundlich. Ich kann gar nicht glauben, dass sich jemand so sehr verändern kann.

Solche negativen Charaktereigenschaften eines Familienmitglieds können derart in den Vordergrund rücken, dass man die positiven Eigenschaften glatt übersieht. Manchmal brauchen wir das Urteil eines unbeteiligten Dritten, der die betreffende Person auch kennt, aber eine neutralere Perspektive hat. Er kann eher auch auf die guten Eigenschaften hinweisen und die schlechten in einem ganz neuen Licht erscheinen lassen.

Nehmen Sie sich nun ein paar Minuten Zeit und schreiben Sie die guten Eigenschaften des Geschwisters auf, das Ihnen am meisten Kummer bereitet. Wenn Ihnen nichts einfallen will, sollten Sie sich an eine dritte Person wenden, die Ihnen vielleicht ein wenig auf die Sprünge helfen kann. Und wenn Sie am Ende doch noch etwas gefunden haben, dann sollten Sie die betreffende Person gelegentlich ansprechen und ihr von Ihren Erkenntnissen berichten.

8. Überlebenstraining in der Familie

Sie kennen wahrscheinlich den Spruch: „Angriff ist die beste Verteidigung." Im Fußball gehören Angriff und Verteidigung gleichermaßen zur Strategie der Trainer. Ein Team kann gut im Angriff sein und dennoch verlieren, weil die Verteidigung zu schwach ist.

Verteidigungsstrategien für Geschwister

In einer Familie entwickelt jedes Mitglied seine eigene Verteidigungsstrategie, um nicht „untergebuttert" zu werden. Es ist der Versuch, das Familiensystem so mitzugestalten, dass es nicht zu einer Quelle der Fremdbestimmung wird. Eine Verteidigungsstrategie sichert das Überleben der eigenen Identität und vermittelt außerdem das Gefühl, so kompetent wie alle anderen zu sein. Die meisten Menschen entwickeln sowohl Angriffswaffen als auch Waffen zur eigenen Verteidigung.

Unter Geschwistern ist das nicht anders. Gerade das Zusammenleben mit Brüdern und Schwestern dient der Optimierung der eigenen Verteidigung. Selbst wenn Geschwister in einer harmonischen Beziehung leben und gut miteinander auskommen, besitzen sie ein Waffenarsenal, das im Bedarfsfall schnell zur Verfügung steht. Fühlt sich einer in der Familie bedroht oder herabgesetzt und hat er Angst, sein Gesicht zu verlieren, dann wird die Zugbrücke hochgezogen und der Gegenangriff vorbereitet.

In den vorangehenden Kapiteln haben wir über die verschiedensten Streitobjekte zwischen Geschwistern gesprochen. Nun aber wollen wir uns fragen, mit welchen Taktiken um diese Streitobjekte gerungen wird und wie sie verteidigt werden. Diese Vorgehensweisen werden schon früh in der Familie gelernt und dann auch am Arbeitsplatz und später in der Ehe immer wieder angewandt. Im Laufe des Lebens probiert man meist eine Reihe von Verteidigungsstrategien aus, um sich dann doch nur auf ein paar wenige zu beschränken, die sich als effektiv erwiesen haben.

Fragen wir uns also, welche konkreten Strategien wir selber im Zusammenleben mit unseren Geschwistern eingeübt haben. Wie regelmäßig bedienen wir uns ihrer? Erkennen wir ein bestimmtes Grundmuster? Würden wir uns einen größeren Gefallen tun, wenn wir jeweils anders reagieren?

Unnahbarkeit

Unnahbarkeit ist ein sehr wirksames Mittel, um sich vor der vermeintlichen Bedrohung anderer zu schützen. Wird man von Geschwistern angegriffen, so zeigt man ihnen einfach die kalte Schulter und ignoriert, was sie sagen. Einigen gelingt es allerdings nur äußerlich, sich unberührt zu geben, während es im Innern kocht. Andere aber haben ein derart entwickeltes Abwehrsystem, dass nichts nach innen dringen kann. Gerade ältere Geschwister, die von jüngeren entthront worden sind, bedienen sich dieser Strategie. Dem dominanten Geschwister gegenüber ist bewusst eingesetzte Unnahbarkeit ziemlich wirksam. Man sagt dem anderen damit: „Tu doch, was du willst. Es ist mir egal. Du kannst mich damit nicht treffen."

Doch Unnahbarkeit hat auch eine andere Seite. Sie wirkt zwar auf den ersten Blick defensiv, kann aber genauso – wenn intensiv eingesetzt – als Aggression verstanden werden. Nutzt solche versteckte Aggression Ihren Beziehungen? Löst sie Probleme? Baut sie Beziehungen auf oder zerstört sie sie eher?

Mit Schmollmund und Babysprache

Manche versuchen es mit Schmollmund und Babysprache. Werden sie angegriffen, so tun sie so, als seien sie klein und hilflos. Der Angreifer wird verunsichert, lässt ab von seinem bösen Angriff und wird vielleicht sogar dazu gebracht, das arme Kleine zu beschützen.

Wer sich klein und verletzlich gibt, signalisiert: „Bitte, rette mich." Und nur sehr wenige werden sich davon nicht angesprochen fühlen. Außerdem wird jeder einem hilflosen Wesen Verantwortung und Lasten abnehmen. Wer sich zum Kleinkind macht, der bekommt also vieles abgenommen, und die Aufmerksamkeit der anderen ist ihm sicher. Und wer dem Schwachen nicht gut ist, der ist der Bösewicht in den Augen der anderen.

Infantilisierung

Man kann auch versuchen, dem Angreifer das Gefühl zu geben, *er sei der Unreife*. Diese Taktik ist grundsätzlich unabhängig von der Position in der Geschwisterreihe, aber häufiger benutzen sie die Älteren den Jüngeren gegenüber. Und dann hört man folgende Aussagen:

* *Lass mich das mal machen. Dann klappt es wenigstens.*
* *Ich verteile, was uns die Eltern hinterlassen haben. Ich bin schließlich der Erstgeborene und war länger mit ihnen zusammen.*
* *Weihnachten feiern wir natürlich bei uns. Das war schon immer so, und schließlich wollen wir ja, dass alles klappt.*

Die Infantilisierung trifft den anderen immer hart. Er fühlt sich nicht ernst genommen, fragt sich, ob er wirklich dumm ist, und verliert dadurch an Selbstwertgefühl. Die Folge ist oft Gehemmtheit, denn wem irgendeine Eigenschaft immer wieder suggeriert wird, der glaubt am Ende daran. Es widerspricht jedoch jedem biblischen Prinzip, Mitmenschen das Gefühl zu geben, sie seien infantil und zu nichts zu gebrauchen.

Schuldgefühle produzieren

Eine weitere Selbstverteidigungsstrategie besteht darin, dem anderen Schuldgefühle einzureden. Das gelingt dann besonders gut, wenn der Bruder oder die Schwester zu den Menschen gehört, die um keinen Preis anecken und stets geachtet sein wollen. Wenn jemand es versteht, ihnen irgendein Fehlverhalten anzudichten, dann geraten diese Menschen in Panik und fragen sich: „Was habe ich falsch gemacht? Was habe ich zu viel getan – was unterlassen?" Die Verletzung entsteht durch das Gefühl, wieder einmal jämmerlich versagt zu haben.

Und diese Taktik geht meistens auf! Vielleicht haben auch Sie damit Erfolg. Sie fühlen sich überlegen, wenn Sie anderen ein schlechtes Gewissen machen. So oft habe ich schon beobachten müssen, wie Menschen ihren Geschwistern, Partnern, Kindern und sogar Haustieren suggerierten, sie seien an allem schuld. Es funktioniert einfach – und es verletzt. Der Beziehung jedoch dient es sicher nicht. Wir sollen weder Schuldsammler noch Schuldauslöser sein.

Krankheit

Manche bedienen sich ihrer Krankheiten als Schutzmechanismus. Sie setzen bereits bestehende ein oder legen sich neue zu.

Es ist dies eine Methode, mit der man andere Menschen manipuliert und beherrscht. Sie funktioniert meist recht gut. Und sie gehört zu den passiv-aggressiven Verhaltensweisen. Es mögen echte Symptome vorhanden sein. Aber sie werden gegen die Geschwister eingesetzt und zu diesem Zweck mehr oder weniger dramatisiert. Wer so schrecklich krank ist, der wird auch in der Regel Hilfe und Zuwendung bekommen – meist ohne erst darum bitten zu müssen. Und man muss ja auch kein schlechtes Gewissen haben, dass die anderen so fleißig sind, schließlich ist man ja leidend und die anderen kerngesund.

Wenn Sie selber Opfer dieser Taktik geworden sind, dann müssen Sie sich nicht nur mit Ihren eigenen Pflichten und Aufgaben befassen, sondern sind auch noch mit denen des anderen beladen. Die Frage, die Sie sich jetzt stellen müssen, lautet: Wie kann ich dem anderen deutlich machen, dass er sein eigenes Leben führen muss? An Sie denkt keiner, aber der andere mit seinen Leiden spielt sich ständig in den Vordergrund. Und deshalb plagt sich Ihr Gewissen mit dem Konflikt zwischen Groll, Verantwortungsbewusstsein und Mitleid.

Den Märtyrer spielen

Manche Geschwister spielen gern den Märtyrer, wenn es darum geht, sich gegen den anderen durchzusetzen. Ihr Selbstmitleid ist wie eine ansteckende Krankheit. Sie sind ständig niedergeschlagen und kraftlos und geben sich grüblerisch und zurückgezogen. Um den anderen auch weiterhin zu beherrschen, weigern sie sich beharrlich, Hilfe und Beistand anzunehmen. Sie könnten ja sonst keinen Grund mehr für ihr Selbstmitleid haben.

Sollten Sie Opfer dieser Märtyrer-Taktik werden, könnten Sie sich am Ende genauso elend fühlen wie der Märtyrer selbst. Doch wehe, wenn Sie nicht helfen! Wer ist dann der Böse? Die Geschwister sind vielleicht durchaus bemüht, das Leben des ewig Leidenden ein wenig aufzuhellen, aber normalerweise werden sie brüsk abgewiesen.

Wissen Sie, warum Märtyrer jede Hilfe ablehnen? Glück und Zufriedenheit machen ihnen Angst. Statt sich wohl zu fühlen, wenn alles glatt läuft, befällt sie Unruhe. Sie fürchten, ihr Druckmittel zu verlieren, um andere zu beherrschen.

Märtyrer verstehen es ausgezeichnet, anderen Schuldgefühle einzuimpfen. Deshalb kann man sie prinzipiell niemals zufrieden stellen. Sie erschöpfen ihre Mitmenschen. Jeder gute Rat wird vergebens sein. Das einzige, was hilft, ist die bewusst herbeigeführte Konfrontation mit der Realität.

Man muss dem Märtyrer mit sanfter Gewalt die Augen öffnen. Legen sie ihm schon vor einem Familientreffen ans Herz, sich mit seinen Schauergeschichten zurückzuhalten und wenigstens für einen negativen Beitrag zwei positive zum Ausgleich zu bringen. Damit wird man zwar die Wurzel des Übels nicht ausreißen, aber der andere weiß wenigstens gleich, was man ihm nicht durchgehen lassen will.

Vulkane

Es gibt im Buch der Sprüche einen bemerkenswerten Satz, der lautet: „Lass dich nicht ein mit einem Zornigen, und mit einem Mann, der sich schnell erregt, verkehre nicht, damit du dich nicht an seine Pfade gewöhnst" (22,24-25). Hier geht es um den Heißsporn, der bei der kleinsten Provokation in die Luft geht.

Jemand hat diese Menschen lebendige Vulkane genannnt: Als Kinder sind diese Geschwister die ständig tickende Zeitbombe in der Familie, die jeden Augenblick in die Luft zu gehen droht. Sie erinnern aber auch an die alten Lokomotiven, bei denen man die Glut nicht verlöschen ließ. So hatte der Lokomotivführer in kürzester Zeit immer genügend Dampfdruck, um sofort losfahren zu können.

Die Vulkan-Typen stehen auch ständig unter Dampf, so dass sie jederzeit aktiv werden können. Und jeden in ihrer Umgebung kann der Wutausbruch treffen. Das Schlimme daran ist vor allem, dass diese Ausbrüche so unberechenbar sind. Man weiß nie, wann es passiert.

Diese unberechenbare Wut ist auch eine Verteidigungsstrategie gegen verletzende Beziehungen. Tief im Innern mögen sich diese

Menschen größere Nähe zu Geschwistern wünschen. Aber sie haben Angst vor Verletzungen. Und so stoßen sie andere lieber von vornherein ab, und die Wut wird zum Lebensstil. Die Ursache dafür könnte sein, dass sie selber von anderen verletzt und zurückgestoßen worden sind.

Schritte fürs Überlebenstraining

Nehmen Sie es nicht persönlich

Auch wenn Sie sich von Geschwistern unter Druck gesetzt oder in die Enge getrieben fühlen, weil sie ihre Lebensart durchsetzen wollen, sollten Sie nicht alles, was die anderen sagen, gleich zu persönlich nehmen. Es ist *ihre* Art, mit Mitmenschen umzugehen. Und jetzt kommt es darauf an, wie *Sie* darauf reagieren.

Sie können sich entscheiden, ob Sie im anderen den Widerling sehen, den Sklaventreiber, den Pfahl im Fleisch oder aber den Roboter, dem die Sicherungen durchgebrannt sind und der deshalb nicht mehr weiß, was er tut. Lassen Sie sich von einer wütenden Tirade nicht aus der Bahn werfen, sondern sehen Sie in dem zeternden, Fuß stampfenden und böse Sprüche klopfenden Gegenüber, das Ihnen das Leben schwer machen will, lieber einen Dreikäsehoch, der seine Wut nicht anders auszudrücken versteht.

Ihre Geschwister sollten von Ihnen nicht pauschal verurteilt werden. Wer verurteilt steigert nur seine Wut. Gestehen Sie ihnen zu, die Dinge aus ihrem Blickwinkel zu sehen und entsprechend zu handeln. Damit halten Sie sich an den Rat aus 1. Korinther 13,7: *„In jeder Lage vertraut und hofft [die Liebe] für andere"* (Gute Nachricht).

Der andere darf schließlich seine Meinung haben, aber lassen Sie sich von ihm nichts einreden! Es gibt Menschen, die prinzipiell anderen ihren Stempel aufdrücken wollen. Sie sind aus verschiedenen Gründen herrsch*süchtig*. Wenn Sie tatsächlich an sich Bereiche entdecken, die der Korrektur bedürfen, dann verändern Sie sich aus freien Stücken und nicht, weil der Bruder oder die Schwester es sich in den Kopf gesetzt hat und weil Sie ihm oder ihr einen Gefallen tun wollen.

Beherrschen Sie ihr Denken

Kontrollieren Sie, was Sie über Ihre Geschwister denken, denn oft sind es Ihre Gedanken, die die Situation noch verschlimmern. Wenn Menschen unter der Tyrannei eines Herrschsüchtigen zu leiden haben, dann neigen sie in ihrer Aufgebrachtheit zu Übertreibungen. Die Angst, den Erwartungen des anderen nicht zu entsprechen, wächst und wächst.

Wir lassen uns die Maßstäbe des Herrschsüchtigen überstülpen und machen sie zu unseren, und so leben wir ständig in der Furcht, kritisiert, abgelehnt oder übersehen zu werden. Herrschertypen sind ständig auf der Suche nach Schwachpunkten bei anderen, um sie auszunutzen. Und dazu bedienen sie sich auch gemachter Erfahrungen, um sie dem anderen immer wieder „aufs Brot zu schmieren".

Die Angst, den Erwartungen des anderen nicht zu entsprechen, wächst und wächst. Wir lassen uns die Maßstäbe des Herrschsüchtigen überstülpen und machen sie zu unseren, und so leben wir ständig in der Furcht, kritisiert, abgelehnt oder übersehen zu werden.

Wenn Sie derartige Erfahrungen machen, ist es höchste Zeit, in Gottes Wort Trost zu suchen. Hier finden Sie die Anleitung zum richtigen Handeln und Stärkung für jede Auseinandersetzung. Lassen Sie zu, dass die Heilige Schrift Ihr Denken in geordnete Bahnen lenkt. Lesen Sie dazu die folgenden Abschnitte. Was sagen sie über das Grübeln und Sorgen?

Kummer im Herzen des Mannes drückt es nieder, aber ein gutes Wort erfreut es (Sprüche 12,25).

Alle Tage des Elenden sind schlecht [durch Grübelei], aber ein fröhliches Herz hat ein ständiges Festmahl [trotz widriger Umstände](Sprüche 15,15).

Seid um nichts besorgt, sondern in allem sollen durch Gebet und Flehen mit Danksagung eure Anliegen vor Gott kundwerden; und der Friede Gottes [jene Gelassenheit, die sich der Erlösung durch Christus gewiss ist und deshalb nichts von Gott fürchtet und jedwedem irdischen Schicksal getrost entgegensieht — dieser Friede], der allen Verstand übersteigt, wird eure Herzen und eure Gedanken bewahren in Christus Jesus. Übrigens, Brüder, alles, was wahr, alles, was ehrbar, alles, was gerecht, alles, was rein, alles, was liebenswert, alles, was wohllautend ist, wenn es irgendeine Tugend und wenn es irgendein Lob gibt, das erwägt! Was ihr auch gelernt und empfangen und gehört und an mir gesehen habt, das tut! Und der Gott des Friedens wird mit euch sein (Philipper 4,6-9).

Mit einiger Übung werden Sie es lernen, Ihre Gedanken an- und abzuschalten. Das macht das Leben leichter. Dazu müssen Sie aber auch lernen, Ihre Prioritäten richtig zu setzen. Die Perspektive muss stimmen. Je mehr Sie das üben, desto spontaner gelingt es Ihnen, Ihr Denken zu beherrschen. Wir stehen keineswegs unter dem Zwang, uns von unseren Gefühlen und negativen Gedanken beherrschen zu lassen.

Jedes Mal, wenn Sie schlecht über Ihre Geschwister oder sich selber denken, sollten Sie sich zwingen, sofort innezuhalten. Halten Sie sich an das alte Prinzip der Gerichtsbarkeit: „Im Zweifel für den Angeklagten!" Wenn Sie ein Problem mit Bruder oder Schwester erkennen, sollten Sie sich zutrauen, es überwinden zu können, statt sich wehleidig als Opfer zu beweinen und ihre bösen Geschwister für Schufte zu halten. Hören Sie auf, den anderen durch Ihre Schicksalsergebenheit mit genau der Macht über Sie auszustatten, die er haben möchte.

Suchen Sie sich ein heilsames Ventil

Suchen Sie nach Möglichkeiten, den inneren Druck loszuwerden. Sie sollten allerdings andere Mittel einsetzen als Ihr herrschsüchtiger Bruder oder die Schwester. Es schadet nämlich Leib, Seele und Geist, jeden Ärger hinunterzuschlucken. Es ist keine Lösung, sich allen Ärger selber aufzuladen. Sie brauchen das Ventil, das den sich allmählich aufbauenden Druck im Innern nach außen ableitet.

Sprechen Sie im Gebet laut über Ihre Gefühle, ohne ein Blatt vor den Mund zu nehmen. Oder reden Sie mit einem vertrauenswürdigen Freund – mit einer Person also, die zuhören und nachempfinden kann, was sie fühlen. Schreiben Sie einen Brief an das betreffende Geschwister, ohne ihn dann abzuschicken. Es geht nur darum, Ihre Gedanken zu ordnen. Das kann man aber auch mit einem verschließbaren Tagebuch.

Legen Sie fest, wie weit Sie gehen wollen

Legen Sie fest, was Sie bereit sind zu tolerieren und was nicht mehr. Je mehr Sie lernen, sich Ihrer Gefühle bewusst zu werden, desto deutlicher wird Ihnen werden, dass Äußerungen und Verhaltensweisen des Bruders oder der Schwester längst nicht mehr so nachwirken wie früher.

Es ist nicht sicher, ob es Ihnen je gelingen wird, Ihrem Geschwister zu helfen, sich von seiner Herrschsucht zu befreien. Aber Ihre veränderte Einstellung wird dafür sorgen, dass der Druck, unter dem Sie früher immer standen, längst nicht mehr so spürbar ist.

Behalten Sie Ihren guten Rat für sich

Versuchen Sie nicht, Ihrem Geschwister Vorhaltungen wegen seiner ständigen Einmischungen in Ihr Leben zu machen. Das ist vergebliche Liebesmüh, denn ein herrschsüchtiger Zeitgenosse lässt sich von anderen nichts sagen, so wohlmeinend der Rat auch sein mag. Man erreicht sogar meist nur das Gegenteil. Der andere wird noch störrischer und rechthaberischer.

Lernen Sie, über Ihre Gefühle zu reden

Lernen Sie als wichtige Überlebenstechnik, Ihren Geschwistern gegenüber auch über heikle Dinge offen zu reden und Ihre Gefühle auszudrücken. Das erspart es Ihnen, sich ständig seelisch zu „verknoten". Hier ein Beispiel: „Wenn du mich immer wieder ermahnst, doch endlich die Eltern anzurufen, dann empfinde ich das als ausgesprochen unangenehm. Ich rufe sie dann an, wenn es bei mir reinpasst und ich dafür in Stimmung bin. Wenn es geklappt hat, sage ich dir sofort Bescheid."

Achten Sie einmal darauf, was alles in diesem Beispiel zum Ausdruck kam: Sie sprechen über Ihre Gefühle und machen gleichzeitig klar, was Sie als unangenehm empfinden. Das wollen Sie nicht mehr. Dann folgt die positive Ankündigung, dass dem anderen nichts entgeht, wenn er auf seinen Druck verzichtet.

Setzen Sie Grenzen

Das Überschreiten persönlicher Grenzen geschieht in fast allen Beziehungen. Sie müssen also entscheiden, wie viel Sie sich gefallen lassen wollen. Wenn gleich mehrere Geschwister an Ihnen zerren, sollten Sie sich jeden einzeln vornehmen, um mit ihm oder ihr einmal Tacheles zu reden.

Seien Sie ein Mutmacher

Kennen Sie den Begriff *Schadensbegrenzung?* Es fällt immer wieder einzelnen Personen oder einer Gruppe zu, diese Aufgabe in einem Familiensystem zu übernehmen. Es geht darum, den angerichteten Schaden so gering wie möglich zu halten. Auch Geschwister untereinander tun das. Und jeder entwickelt seine eigene Strategie, um in Grenzen zu halten, was der Bruder oder die Schwester angerichtet hat.

Es ist wie beim Damespiel: Der andere macht einen Zug, und Sie reagieren mit Ihrem, um den Schaden, den er aus seiner gewonnenen Position anrichten könnte, zu begrenzen. Solch ein Damespiel kann Stunden dauern, aber das Spiel unter Geschwistern ist oft noch nach Jahren nicht entschieden.

Das alles ist ein Strategiespiel, bei dem die Erfahrung immer mehr zunimmt. Der junge Mensch geht noch geradlinig und unbeholfen vor. Doch je älter man wird, desto raffinierter und durchdachter werden die Züge, und der andere kann sie nicht mehr so leicht durchschauen.

Die Art, wie Sie heute als Geschwister miteinander umgehen, ist noch geprägt von den Strategien der Kinderzeit, als Sie um die Vormachtstellung rangen. Wie lange wollen Sie dieses Gerangel fortsetzen? Wenn nicht einer den Anfang macht und die Formen des Umgangs ändert, werden Sie so lange miteinander ringen, bis Sie am anderen Ende Ihres Lebenszykluses angelangt sind. Wer hat sie nicht schon beobachtet – greise Geschwister mit weißem Haar, die sich noch genauso zanken wie in ihren Kindertagen.

Es gibt durchaus eine bessere Möglichkeit, mit Ihren Geschwistern Umgang zu pflegen, selbst wenn sie sich noch so widerspenstig geben. Es geht dabei nicht darum, sich defensiv zurückzuziehen. Im Gegenteil: Sie sollten ganz bewusst auf Ihre Geschwister zugehen. Das widerstrebt Ihnen vielleicht, weil Sie anders erzogen worden sind oder weil es einfach nicht Ihre Art ist. Aber Christus, unser Vorbild, war selber ein Mutmacher, der positiv auf die Menschen zuging. Seien Sie deshalb für Ihre Geschwister auch solch eine anspornende Kraft.

Dazu müssen Sie allerdings selber eine optimistische Grundhaltung mitbringen. Was ist Optimismus? Im Lexikon finden wir die Definition: „Lebensauffassung, die alles von der besten Seite betrachtet; heitere, zuversichtliche, lebensbejahende Grundhaltung." Wenn das auch Ihre Einstellung ist, dann können Sie zum Ansporn und Mutmacher für andere werden. Sie machen andere mutig, mit Zuversicht neue Wege einzuschlagen. Lesen wir, wie die Bibel uns dazu aufruft:

Wir bitten euch weiter, liebe Brüder und Schwestern: Weist die zurecht, die ein ungeregeltes Leben führen. Ermutigt die Ängstlichen. Helft den Schwachen und habt Geduld mit allen (1. Thessalonicher 5,14 – Gute Nachricht). Und in 1. Thessalonicher 5,11 steht: Macht also einander Mut und helft euch gegenseitig weiter, wie ihr es ja schon tut. In Hebräer 10,25 lesen wir: ... vielmehr sollt ihr einander Mut machen!

Das Wort Gottes legt es uns also immer wieder ans Herz, einander zu stützen, so dass wir uns gegenseitig zu einem inneren Halt werden. Um dieser Aufgabe stetig gewachsen zu sein, müssen Sie sich zunächst um die Charaktereigenschaften aus 1. Korinther 13 bemühen. Sie finden sie unten aufgeschrieben und entsprechend ergänzt:

* *Langmütig – toleriert Schwächen und Unzulänglichkeiten der Geschwister*
* *Gütig – freundlich und zuvorkommend den Geschwistern gegenüber*
* *Neidet nicht – Leistungen, Fertigkeiten und auch nicht die Stellung in der Familie*
* *Tut nicht groß – im Wettstreit mit den Geschwistern – weder mit dem eigenen Aussehen noch mit eigenen Leistungen*

* *Bläht sich nicht auf – äußert sich nicht abfällig über Leistungen der Geschwister*
* *Benimmt sich nicht unanständig – respektiert die Bedürfnisse und Auffassungen der Geschwister*
* *Sucht nicht das ihre – ist zum Kompromiss bereit*
* *Rechnet Böses nicht zu – ist nicht nachtragend*
* *Freut sich nicht über die Ungerechtigkeit – nutzt das Unglück von Geschwistern nicht aus; führt nicht Buch über die erlittenen Ungerechtigkeiten*
* *Freut sich mit der Wahrheit – macht anderen Mut, sich selbst treu zu bleiben und zu sich zu stehen*
* *Erträgt alles – steht den Geschwistern auch in Krisenzeiten mit Rat und Tat und im Gebet bei*
* *Hofft alles – klagt und jammert nicht über Defizite in der Beziehung, sondern erwartet Besserung*
* *Erduldet alles – weil die Überzeugung gewachsen ist, dass die Beziehung eine Zukunft hat*

Am Ende dieses Kapitels sagt Paulus in seinem Brief, dass er weg tat, was kindisch war (Vers 11). Das sollten auch wir tun und aufhören, uns auf die Spielchen der erwachsenen Geschwister einzulassen. Sie als erwachsener Mensch sind durchaus imstande, Ihre Reaktionen und Ihr Verhalten selbst zu bestimmen. Ihr Leben kann so viel schöner werden, wenn Sie sich nicht mehr in die Ecke drängen lassen, sondern offensiv Ihren Geschwistern so entgegentreten, dass man Ihnen anmerkt: Sie kennen den Herrn Jesus Christus.

9. Die Spiele der Erwachsenen

„Peng, peng! Ich hab' dich! Du bist tooot!"

Räuber und Gendarm, Cowboy und Indianer, Barbie oder Enterprise mit Mr. Spock – die Spiele, die Sie mit Ihren Geschwistern gespielt haben, werden je nach Jahrgang und Alter sehr verschieden gewesen sein. Und je kleiner Sie waren, desto mehr Zeit haben Sie mit Spielen verbracht. Mal ging es dabei drunter und drüber, und ein andermal saßen Sie mucksmäuschenstill in irgendeiner Ecke. Mal ging es ordentlich zur Sache, und dann waren Sie wieder lieb und zahm.

Vielleicht gab es den Bruder, der immer gewinnen musste, während die Schwester nur zum Spaß spielte. Oder gab es vielleicht den Bruder, der es aus irgendeinem Grund darauf anlegte, der Letzte zu sein, um schmollen zu können? Der eine hielt sich an die Spielregeln und der andere schummelte fleißig.

Spiele können ein harmloser Zeitvertreib sein. Sie können aber auch bereits Verhaltensmuster widerspiegeln, die später das Leben der Erwachsenen bestimmen. Wohl alle Kinder spielen Verstecken, und Fangen ist auch sehr beliebt. Tun das nicht viele in anderer Form noch als Erwachsene? Ich kenne Geschwister, die wie damals Verstecken spielen, indem sie sich aus dem Familienverband ausschließen und sich damit isolieren. Vielleicht sind sie physisch anwesend, aber wenn man etwas über ihr Innerstes in Erfahrung bringen will, macht man sich oft vergeblich auf die Suche. Sie schweigen beharrlich wie ein Grab. Andere verschwinden ganz wie Schiffe im Bermudadreieck. Auf Familienfesten werden sie nie wieder gesichtet.

Beim Fangen ist immer einer der Letzte, den die Hunde beißen. Vielleicht haben ja auch Sie ein Geschwister, das Ihnen ständig auf den Fersen ist und Sie jagt, bis Sie dran sind.

Die meisten Kinder kennen wohl die „Reise nach Jerusalem".
Bei diesem Spiel umrundet die Gruppe der Mitspieler eine Stuhl-
reihe, während irgendeine Musik spielt. In dem Augenblick, da die
Musik abbricht, versucht jeder einen Stuhl zu erwischen, um sich
daraufzusetzen. Der Trick dabei ist, dass immer ein Stuhl zu wenig
aufgestellt ist. Ein Spieler findet also keinen Platz. Das unglückli-
che Kind, das übrig bleibt, muss ausscheiden.

Ich denke, dass Sie das Gefühl kennen, der Dumme zu sein, der
„raus ist". Auch erwachsene Geschwister fühlen sich manchmal
bei Familientreffen als Verlierer, der „raus ist". Alles dreht sich um
Ihren Bruder oder Ihre Schwester, Sie aber beachtet niemand. Vielleicht erbarmt sich jemand und reicht Ihnen ein volles Glas. Dem
Bruder jedoch gelingt eben alles – dem Supermann. Was der alles
erreicht hat! Sie dagegen sind nur ein armes Würstchen geblieben.

Spiele und ihre Variationen

Es gibt ein Spiel erwachsener Geschwister, das heißt: „Nie genug!"
Da haben Sie einer Schwester in ihrer Not mit Rat und Tat zur
Seite gestanden und sogar mehr als Ihre Pflicht getan. Und was
bekommen Sie dafür? Nicht viel, wenn überhaupt etwas. Am Ende
bleibt Ihnen das Gefühl, dass Ihr Einsatz nicht geschätzt wurde,
und vielleicht müssen Sie sogar noch Kritik dafür einstecken, dass
Sie nicht mehr oder nicht genau das getan haben, was der andere
erwartet hat. Und jetzt fragen Sie sich noch, ob vielleicht *Sie* alles
falsch gemacht haben.

Diese Frage werden Sie sich auch stellen, wenn Ihr Bruder oder
die Schwester zunächst signalisierte, dass er oder sie Ihre Hilfe gern
in Anspruch nehmen. Doch in dem Augenblick, da Sie sich ein
wenig mehr engagierten – weitere Vorschläge machten oder zusätzlichen Beistand anboten, wurde Ihnen die Tür vor der Nase
zugeschlagen. Nun sind sie wütend und fühlen sich verschmäht.

Wer so auf Hilfsangebote reagiert, will in Wahrheit gar keinen
Beistand. Er braucht nur jemand, bei dem er schnell mal seinen

Frust abladen kann. Wenn er aber wirklich Hilfe braucht, kann er ausgesprochen wählerisch sein.

Wenn Sie nicht hundertprozentig ins Bild passen, will man von Ihnen nichts wissen. Es ist schon verletzend, wenn Sie Hilfe anbieten und dann übergangen werden. Sie müssen sich aber immer vor Augen halten, dass nicht Ihr Angebot das Fehlverhalten war, sondern das Spiel, das Ihr Bruder, Ihre Schwester mit Ihnen spielt. Es ist die Schwäche des anderen, Hilfe nicht annehmen zu können.

Ein nicht minder großes Problem sind die Geschwister, die in ihren Erwartungen unersättlich sind. „Genug" ist ihnen ein Fremdwort. Selbst wenn man sich ihnen ausgiebig widmet, so empfinden sie das immer nur als Tropfen auf den heißen Stein. Und wehe, wenn Sie sich einmal zurückziehen, um zu regenerieren. Dann gibt man Ihnen das Gefühl, sich schäbig aus der Affäre ziehen zu wollen. Diese unersättlichen Zeitgenossen verstehen es, Ihnen durch Worte oder nonverbale Signale ein schlechtes Gewissen zu suggerieren, damit Sie ja nicht aufhören, ihnen zu Diensten zu sein.

Gefühle erkennen und Grenzen setzen

Glücklicherweise lassen sich nicht alle Geschwister auf solche Spiele ein. Aber wenn Ihr Bruder oder Ihre Schwester Ihnen auf die eine oder andere Weise so übel mitspielt, können Sie zwei Dinge tun: Werden Sie sich erstens der Gefühle bewusst, die bei Ihnen dadurch ausgelöst werden. Und zweitens sollten Sie lernen, nicht ständig gute Miene zum bösen Spiel Ihrer Geschwister zu machen. Lassen Sie sich nicht mit hineinziehen, sondern setzen Sie Grenzen.

Wir alle haben bestimmte Schalter, die nur bedient zu werden brauchen, um uns auf der Gefühlsebene in eine bestimmte Richtung zu lenken.

Vielleicht haben Sie einen Schuld-Knopf. Und Ihre Geschwister drücken ihn immer wieder, um sicherzugehen, dass Sie aus ihrem Spiel nicht ausscheiden. Schuldgefühle entscheiden oft darüber, ob

Sie ja oder nein sagen. Vielen fällt es auch leichter, zu anderen immer nur ja zu sagen und zu sich selber immer nur nein, selbst wenn es nicht zu ihrem Besten ist.

Ich kenne Menschen, die jahrelang nicht imstande waren, einem fordernden und undankbaren Geschwister etwas abzuschlagen. Sie litten oft sehr unter den Folgen, doch sobald sie versuchten, einen Rückzieher zu machen und auf Distanz zu gehen, wurden sie von Gewissensbissen gequält. So erzählte mir ein Mann: „Der Umgang mit meiner Schwester hat alle meine Energiereserven aufgebraucht. Hin und wieder versuche ich, mir wiederzunehmen, was ich an Zeit und Energie für sie aufgewendet habe. Für einen Augenblick fühle ich mich wohl dabei. Doch dann kommt der Rückfall, weil mich mein schlechtes Gewissen zu quälen beginnt."

Vielleicht haben ja auch Sie ein Geschwister, das von Ihrem schlechten Gewissen profitiert. Der Bruder oder die Schwester versteht es geschickt, Sie zu manipulieren. Tims Geschwister waren darin Meister. Er berichtete mir von einem Vorfall, der sich zu Weihnachten ereignete:

Ein erfolgreiches Jahr im Beruf lag hinter mir, und als Prämie bekam ich eine Skireise in die Berge geschenkt. Da Jana und ich noch kinderlos waren, aber fürs nächste Jahr Nachwuchs planten, meinten wir, dass dies möglicherweise für lange Zeit die letzte Gelegenheit sei, eine solche Reise zu machen. Wir wollten zwei Tage vor Weihnachten losfahren und drei Tage danach heimkehren. Ungefähr sechs Wochen vorher informierten wir meine Mutter. Und sie schien keine Probleme damit zu haben. Aber dann riefen mein Bruder und meine Schwester bei uns an, und wir mussten uns folgende Vorwürfe anhören:

* *Was denn, ihr seid Weihnachten nicht da? Da sind wir doch immer zusammen!*
* *So was Egoistisches! Für euer Vergnügen lasst ihr die Familie im Stich.*
* *Ihr könnt nicht einfach wegfahren. Wenn ihr nicht da seid,*

läuft das doch nicht richtig. Das wird sonst stinklangweilig.
* *Mutti ist schließlich auch nicht mehr die Jüngste. Vielleicht ist*
  es ihr letztes Weihnachten.
* *Ihr brecht Mutti das Herz. Sagen wird sie natürlich nichts.*
  Aber du bist immerhin ihr Erstgeborener. Sie zählt auf dich!

Am ersten Feiertag riefen sie mich an, um zu berichten, was alles schief gelaufen war und wie sehr meine Mutter mich vermisste. Der Spaß war uns gründlich verdorben. Es hatte sich nicht ausgezahlt, sich gegen das schlechte Gewissen durchsetzen zu wollen.

Schuldgefühle abwehren

Was tun Sie mit den Schuldgefühlen, die Ihre Geschwister Ihnen suggerieren? Es gibt verschiedene Möglichkeiten, sich dagegen zu wappnen. Fragen Sie sich zunächst nach dem Grund für Ihre Gewissensbisse. Die bekommen wir doch normalerweise, wenn wir etwas falsch gemacht haben. Normalerweise. Was haben Sie also im konkreten Fall verkehrt gemacht? Falls Sie tatsächlich glauben, sich falsch verhalten zu haben, sollten Sie sich dennoch fragen, ob irgendein Richter Sie deswegen anklagen würde. Wahrscheinlich nicht. Wer ist Ihr Richter und wer sind in Ihrem Fall die Geschworenen? Sie oder Ihre Geschwister? „Sollte" ist übrigens das Schlüsselwort. Wenn es ins Spiel gebracht wird, sind Schuldgefühle meist nicht weit.

Oft sind zu hohe Erwartungen der Ausgangspunkt von Schuldgefühlen – entweder Ihre eigenen oder die der anderen oder von beiden. Was erwarten Sie von sich selber in Bezug auf Ihre Geschwister? Hier kann wohl jeder irgendetwas nennen. Haben Sie schon einmal in aller Ruhe darüber nachgedacht und das, was Sie erkannt haben, niedergeschrieben? Und wie sieht es mit den Erwartungen der Geschwister aus? Was erwarten sie von Ihnen? Haben die anderen darüber nachgedacht und Ihnen Konkretes genannt? Wahrscheinlich nicht. Wie bei einem Schachspiel zieht jeder für sich stumm mit seinen Figuren übers Feld. Und jeder verfolgt seine geheime Strategie.

Ich möchte noch einmal betonen, dass dies keineswegs immer unter Geschwistern so sein muss. Aber für jene, die davon betroffen sind, kann folgende kleine Übung zur Kommunikation durchaus hilfreich sein. In der Verlobtenseelsorge und auch später in der Eheberatung bitten wir die Teilnehmer, 25 Erwartungen aufzuschreiben, die sie an den Partner haben. Wenn dies erledigt ist, werden die Zettel ausgetauscht, und jeder sagt, welche von den an ihn gestellten Erwartungen realistisch sind und erfüllt werden können. Dann wird ein offener Gedankenaustausch darüber geführt, und die Beteiligten werden sich bewusster über den Zustand ihrer Beziehung. Dieselbe Übung kann man natürlich auch unter Geschwistern versuchen.

Gerade wenn Sie sich entschlossen haben, anders mit ihren Geschwistern umzugehen, müssen Sie damit rechnen, dass sich Ihre Schuldgefühle wieder melden. Denn Geschwister mögen solche plötzlichen Veränderungen gar nicht, und deshalb werden schnell die Waffen gezückt. Wie können Sie sich darauf einstellen?

Sie werden meinen Vorschlag vielleicht sonderbar finden: Lernen Sie es, mit Ihren Schuldgefühlen zu leben! Nehmen Sie sie als etwas an, was nun einmal da ist. Hören Sie auf, dagegen anzukämpfen. Sagen Sie zu sich selbst: *Also gut, ich habe Schuldgefühle. Das ist mir eigentlich nicht recht. Aber es ist nun mal so. Deshalb nehme ich es hin. Ich kann damit leben. Und es ist nicht der Weltuntergang. Diese Gefühle werden mich nicht mehr hindern, ein ganz normales Leben zu führen. Ich bin einverstanden, dass sie ein Teil meines Lebens sind. Aber die Tatsache, dass ich sie habe, bedeutet noch lange nicht, dass ich wirklich etwas verkehrt gemacht habe. Ich habe für meine Geschwister keine Gehirnwäsche nötig. Ich habe mich richtig verhalten, und ich werde es wahrscheinlich wieder so machen. Ich kann jetzt damit umgehen.*

Sie möchten endlich zu sich selber stehen können. Dann sagen Sie: *Was ich gemacht habe, hat keinem von uns geschadet. Im Gegenteil! Und ich habe auch nicht im Widerspruch zu meinem Glauben gehandelt.* Sie wollen in Ihrer Beziehung zu den Geschwistern endlich für voll genommen werden.

Vielleicht sind die anderen mit dem, was Sie getan haben, nicht einverstanden. Dann sagen Sie zu sich selbst: *Das kann ich akzeptieren. Das macht mir nichts aus. Ich lebe nicht, um meine Geschwister zufrieden zu stellen.* Sie müssen tatsächlich damit rechnen, dass Sie es nie schaffen werden, es immer allen Geschwistern recht zu machen. Wenn Sie das versuchen, werden Sie mit sich selber nie ins Reine kommen.

Und wer sich selber ständig verurteilt, vergisst allzu leicht, wer ihn mit all seinen Schwächen angenommen hat, nämlich Gott. Jesus Christus mit seinem Opfer am Kreuz hat dafür gesorgt, dass der himmlische Vater Sie annimmt, so wie Sie zu ihm kommen.

Den zufrieden stellen, auf den es wirklich ankommt

Leben Sie von nun an nicht mehr in dem Glauben, dass die Geschwister Ihren Wert bestimmen. Wir alle machen Fehler oder treten unseren Mitmenschen manchmal zu nahe. Entweder Ihre Geschwister haben Ihnen Ihre Fehler vergeben, oder sie haben es nicht getan. Letztlich ist das nicht entscheidend. Sie müssen sich nicht zwanghaft dem Urteil Ihrer Geschwister anschließen.

Sehen Sie sich selber lieber mit den Augen Gottes. Wenn Sie sich seine Barmherzigkeit immer wieder in Erinnerung rufen und schließlich darin ruhen, dann können Sie sich den oft vergeblichen Kampf um die Anerkennung durch andere Menschen ersparen. Die anderen sind oft überhaupt nicht fähig, Ihnen die Anerkennung zu geben, die Ihnen eigentlich gebührt.

Wir begreifen erst, wer Gott ist, wenn wir erkennen, wie sehr es sein ganzes Streben ist, unser Leben zu bereichern. Denken Sie einmal über folgende Worte von ihm nach:

Nur Güte und Gnade werden mir folgen alle Tage meines Lebens; und ich kehre zurück ins Haus des HERRN lebenslang (Psalm 23,6).

Und ich werde einen ewigen Bund mit ihnen schließen, dass ich mich nicht von ihnen abwende, ihnen Gutes zu tun ... Und ich werde meine Freude an ihnen haben, ihnen Gutes tun, und ich werde sie in diesem Land pflanzen in Treue, mit meinem ganzen Herzen und mit meiner ganzen Seele (Jeremia 32,40-41).

Ist Ihnen inzwischen aufgegangen, was es heißt, dass Gott für Sie ist? Dämmert Ihnen, wie wichtig Sie genommen werden? Ja, Sie brauchen niemals zu befürchten, dass er Sie nicht für voll nimmt!

Eine ausgewogene Reaktion

Mit diesem Wissen im Hintergrund sollten Sie sich fragen, wie Sie sich Ihren Geschwistern gegenüber angemessen verhalten. Nehmen wir ein paar Beispiele, die aus dem Leben gegriffen sind. Eins Ihrer Geschwister will wieder einmal Geld von ihnen borgen, aber Sie wissen aus Erfahrung, dass Sie es kaum wiederbekommen werden. Der Bruder bekniet Sie, er sei in einer verzweifelten Lage. Sie seien der Einzige, der helfen könne, und er brauche die Hilfe sofort. Wie verhalten Sie sich am besten?

Hören Sie erst einmal zu und erklären dann, erst nachdenken und beten zu müssen. Und morgen würden Sie ihm dann Bescheid geben. Bedrängt Ihr Bruder Sie, so wiederholen Sie Ihre klare Aussage – wenn nötig mehrmals. Lassen Sie sich nicht in die Ecke drängen und einschüchtern. Wenn Sie sich dann entschließen, das Geld nicht zur Verfügung zu stellen (was Sie in dieser Situation wahrscheinlich tun), dann erklären Sie, dass es keine besonders gute Idee sei, ihm etwas zu borgen, weil es sicher nur böses Blut schaffen würde.

Erklären Sie Ihrem Bruder (oder der Schwester), dass der Ärger über nicht zurückgezahltes Geld Ihrer Beziehung sicher nicht gut tun würde. Wenn er wolle, seien Sie bereit, an einer Alternative mitzuwirken. Aber Sie seien in keinem Fall bereit, noch einmal Geld zu leihen. Denken Sie daran: Sie können gut damit leben, dass der Bruder mit Ihrer Entscheidung gar nicht einverstanden und Ihnen vielleicht (eine Zeitlang) gram ist!

Vielleicht haben Sie auch eine Schwester, die Ihnen die Zeit stiehlt. Sie sollten dann klipp und klar erklären, dass Sie bereit sind, eine festgesetzte Zeitspanne in der Woche allein ihr zu widmen. Daran müsse jeder sich halten – außer in echten Notfällen. (Klären Sie aber vorher möglichst genau ab, was ein Notfall ist!)

Ist Ihr Bruder ein Besserwisser, der ständig an Ihnen etwas auszusetzen hat, stehen Ihnen mehrere Strategien zur Verfügung. Um den Nörgler abzuschütteln, könnten Sie ganz einfach zugeben, nicht perfekt zu sein. Vielleicht nennen Sie sogar ihre Fehler beim Namen, bevor es der Bruder oder die Schwester tut. Zweitens können Sie Ihr Gehör auf Durchzug stellen, wenn Sie gerade wieder bekrittelt werden. Sie reagieren nicht mit Verteidigungsreden oder Entschuldigungen. Das bedeutet nämlich meist nur, Öl aufs Feuer eines Geschwisterstreits zu gießen. Hier ein paar Beispiele, wie Sie reagieren könnten.

* *Bruder: „Du kommst wieder zu spät. Typisch! Ob du in deinem Leben noch mal lernst, pünktlich zu sein?"*
  Sie: „Hast Recht! Es sind ein paar Minuten über der Zeit."
* *Schwester: „Du solltest dich wirklich gesünder ernähren. Ständig stopfst du dir dieses Fastfood rein."*
  Sie: „Klar gibt es Gesünderes."
* *Schwester: „Zu diesem Anlass hättest du dich aber wirklich passender anziehen können! Du kommst wie immer viel zu schlampig daher."*
  Sie: „Stimmt, ich habe an, was ich immer gern trage."
* *Bruder: „Wann wirst du endlich erwachsen? Du benimmst dich wieder wie eine Dreijährige."*
  Sie: „Ist doch niedlich!"
* *Bruder: „Du bist ein echter Geizkragen! Da könnte einer noch*

so sehr in der Tinte sitzen – du würdest sicher nichts locker machen. Bei dir gilt: Selber essen macht fett."

Sie: *„Man sieht ja auch, wo es bleibt."*

Es lohnt nicht, gegen eine Nebelbank zu kämpfen

Haben wir verständlich machen können, worauf es ankommt? Sie reagieren nicht defensiv auf die Kritik. Sie schlagen auch nicht zurück. Bestimmt sind Sie auch schon einmal in eine Nebelbank geraten. Solch ein Nebel kann ziemlich hartnäckig über der Landschaft liegen. Man weiß nie, wann er sich lichten wird. Sie sehen kaum die Hand vor Augen, aber wenn Sie ihn packen wollen, greifen Sie ins Leere. Sie spüren keinen Widerstand und keinen Rückschlag. Ein geworfener Stein prallt nirgends ab und fliegt ins Nichts. Jeder einigermaßen vernunftbegabte Mensch wird irgendwann aufgeben und den Nebel in Ruhe lassen.

Wenn Sie also wieder einmal unnötigerweise kritisiert werden, können Sie das abwehren, indem Sie keine Angriffsfläche bieten. Das bedeutet noch lange nicht, dass Sie mit dem Gesagten uneingeschränkt einverstanden sind. Sie erkennen zwar einen gewissen Wahrheitsgehalt an, aber nicht, dass Sie das unbedingt etwas anginge. Nun meinen Sie, dass das bei Ihren Geschwistern bestimmt nicht funktionieren werde? Woher aber wollen Sie das wissen, wenn Sie es noch nie ausprobiert haben? Sie haben doch nichts zu verlieren, vor allem, wenn alle bisherigen Rezepte nichts gebracht haben. Diese Vorgehensweise ist sogar biblisch begründbar:

Sei bereit, dich korrigieren zu lassen, und spitze die Ohren, wenn du etwas lernen kannst (Sprüche 23,12 – Gute Nachricht).
Wie ein schmückender Ohrring aus feinstem Gold, so wertvoll ist weiser Rat für ein hörendes Ohr (Sprüche 25,12 – Gute Nachricht).
Menschen, die ihre Verfehlungen verheimlichen, haben keinen Erfolg im Leben; aber alle, die ihr Unrecht bekennen und aufge-

*ben, finden Gottes Erbarmen (Sprüche 28,13 – Gute Nachricht).
Vergeltet niemand Böses mit Bösem; seid bedacht auf das, was ehrbar ist vor allen Menschen ... Lass dich nicht vom Bösen überwinden, sondern überwinde das Böse mit dem Guten (Römer 12,17
u. 21).
Lasst uns nun nicht mehr einander richten, sondern haltet vielmehr das für recht, dem Bruder keinen Anstoß oder kein Ärgernis
zu geben ... So lasst uns nun dem nachstreben, was dem Frieden,
und dem, was der gegenseitigen Erbauung dient (Römer 14,13 u.
19).*

Wer bedient Ihren Zorn-Knopf?

Im vorigen Kapitel haben wir über den Zorn Ihrer Geschwister
gesprochen. Jetzt wollen wir uns mit Ihrem beschäftigen.

Wenn Sie ständig gegen Ihren Bruder oder die Schwester einen
tief sitzenden Groll hegen, so sollten Sie sich nach dem möglichen
Grund fragen. Eine Klientin sagte einmal zu mir: *„Klar weiß ich
warum. Es macht ihm Spaß, mich auf die Palme zu bringen. Schon
als Kind hat er mich so lange getriezt, bis ich ausgeflippt bin. Und so
macht er es auch noch als Erwachsener. Ich könnte ihn in der Luft
zerreißen, wenn er wieder so lange stichelt, bis ich ausfallend werde.
Und ich verabscheue mich selbst dafür, dass ich immer wieder in diese
Falle tappe. Was kann ich tun? Helfen Sie mir bitte.“*

Es kommt immer wieder vor, dass wir berechtigt verärgert sind,
wenn uns z.B. Ungerechtigkeiten widerfahren. Doch Groll in
Geschwisterbeziehungen hat meist nicht diesen Anlass. Ursache ist
vielmehr eins dieser uralten Spiele, die wir aus der Kindheit geret-
tet haben. Damit wird oft großer Schaden angerichtet und es werden trennende Mauern hochgezogen. Das verhindert Nähe und
schafft Distanz.

Nimm keinen Jähzornigen zum Freund und verkehre nicht mit jemand, der sich nicht beherrschen kann. Sonst gewöhnst du dich an seine Unart und gefährdest dein Leben (Sprüche 22,24-25).

Haben Sie solch einen Menschen unter Ihren Geschwistern? Dann brauchen Sie sehr viel Fingerspitzengefühl für den Umgang mit ihm. Jähzorn oder Zorn unter Geschwistern ist immer ein Symptom und Warnzeichen für verborgene Emotionen. Angst, Verletzungen und tiefe Enttäuschung sind die drei Hauptursachen für Wut und Groll. Viele leben tatsächlich in ständiger Angst vor einem Geschwister. Das macht wütend. Andere sind von Geschwistern tief verletzt und gekränkt worden. Das macht auch wütend. Und dann gibt es die vielen, die von ihren Geschwistern tief enttäuscht worden sind. Und auch in diesem Fall sitzt der Groll tief.

Aber dieser tief sitzende Verdruss muss nicht mit zerstörerischer Wirkung ausgelebt werden. Man kann seine Energie durchaus positiv umlenken. Wer erbost und aggressiv reagiert, gießt nur Öl ins Feuer. Es ist besser, mit einem die Flammen erstickenden Mittel gegen die Glut vorzugehen. Sprüche 15,1 sagt, wie wir es machen sollen: *„Eine versöhnliche Antwort kühlt den Zorn ab, ein verletzendes Wort heizt ihn an"* (Gute Nachricht).

Immer wieder höre ich in meinem Büro oder auf meinen Seminaren Menschen sagen: *„Ich möchte ja gar nicht so ausfallend werden – vor allem nicht meinen Geschwistern gegenüber. Aber dann kommt es einfach über mich, und ich raste aus. Ein kleiner Tropfen bringt das Fass zum Überlaufen. Sie sind mir ja eigentlich ans Herz gewachsen, aber manchmal kann ich sie eben nicht ausstehen. Und ich weiß nicht, was ich dagegen tun kann."*

Normalerweise stelle ich dann eine Frage: „Wenn Sie so frustriert und wütend auf den Bruder oder die Schwester sind, was macht Ihnen dann hinterher am meisten zu schaffen – das Verhalten des anderen oder vielleicht sogar mehr Ihr eigener Beitrag zu dem Konflikt?"

Die Antwort lautet dann meistens: *„Im Grunde grüble ich mehr über mein eigenes Versagen nach. Vielleicht ärgere ich mich sogar mehr* *über mich selber. In Gedanken durchlebe ich die Situation wieder und wieder, und dann plagen mich Gewissensbisse, dass ich dem anderen so auf die Füße getreten habe."*

Dann frage ich: „Wissen Sie eigentlich, dass Sie sich durch dieses im Grunde vergebliche Grübeln regelrecht programmieren, den gleichen Fehler immer wieder zu machen?" Für gewöhnlich ernte ich dann erstaunte Blicke. Aber es stimmt. Wenn Sie zu grübelnd darüber nachdenken, was sie besser unterlassen hätten, dann schlägt dieses Gedankengut Wurzeln in Ihrer Seele.

Außerdem lenkt Sie diese rückwärts gewandte Selbstzerfleischung davon ab, nach vorn zu sehen und sich über eine wirkliche Konfliktlösung Gedanken zu machen. Wenn Sie lösungsorientiert denken und fühlen, werden Sie ganz anders mit Ihren Enttäuschungen fertig, weil Sie endlich Erfolgserlebnisse zu verzeichnen haben!

Enttäuschungen mindern

Lassen Sie uns einmal überlegen, welche Schritte Sie tun können, um Ihre Enttäuschungen abzubauen und unüberlegte Reaktionen zu vermeiden.

Zuallererst sollten Sie sich darum bemühen, einen vertrauenswürdigen Gesprächspartner zu finden, mit dem Sie über alle Ihre Probleme offen reden können. Suchen Sie sich jemand aus, mit dem Sie beten können und der Ihre Fortschritte regelmäßig beurteilen kann.

Aber auch vor sich selber sollten Sie Ehrlichkeit lernen. Sie müssen sich selbst gegenüber verbindlich werden, vor allem, wenn es darum geht, konkrete Fortschritte im Verhalten zu machen.

Nehmen Sie ein Blatt Papier und halten Sie die Antworten auf folgende Fragen schriftlich fest:

Es gibt Menschen, die enttäuscht und wütend sein wollen. Das sorgt für die Adrenalinstöße, die sie brauchen. Sonst fehlt ihnen der Pepp im Leben. Trifft das auch auf Sie zu? Seien Sie ehrlich!

Empfinden Sie einen unkontrollierten Wutausbruch als spontan und befreiend, oder würden Sie viel lieber immer selbstbeherrscht und mit Bedacht reagieren?

Wenn Sie lieber mit Bedacht handeln, wie sollte Ihre Reaktion dann konkret aussehen?

Es hatte Gründe, weshalb Gott Menschen inspirierte, die Bibel zu schreiben und dafür zu sorgen, dass sie uns durch die Jahrhunderte bis heute überliefert wurde. Die Leitlinien, die er uns darin gibt, dienen uns noch immer zum Besten! Sein Rat hat Hand und Fuß.

Vielleicht nutzt es Ihnen, wenn Sie die folgenden Verse aus den Sprüchen auf kleine Karteikarten schreiben, um sie sich immer wieder durchzulesen:

Die Worte mancher Leute sind wie Messerstiche; die Worte weiser Menschen bringen Heilung (12,18).
Ein Mensch, der ruhig bleibt, zeigt, dass er Einsicht hat; wer aufbraust, zeigt nur seinen Unverstand (14,29).
Geduld bringt weiter als Heldentum; sich beherrschen ist besser als Städte erobern (16,32 – alle Gute Nachricht).

Nach und nach können Sie weitere Karten hinzufügen, wenn Sie beim Bibellesen auf andere Stellen stoßen, bei denen es auch um Frust und Groll geht. Wenn Sie diese Verse drei Wochen lang am Morgen und am Abend laut lesen, werden Sie sie verinnerlicht haben.

Sie mögen ja gute Absichten haben, doch sobald Sie in den Teufelskreis von Enttäuschung – Wut – Enttäuschung geraten, sind Sie gefangen, und Ihre Fähigkeit, klar zu denken, ist eingeschränkt. Ändern werden Sie sich nur, wenn Sie es sich fest vornehmen. Sie müssen es wirklich wollen. Ihr Bruder, Ihre Schwester ändert sich möglicherweise überhaupt nicht. Aber Sie können es tun.

Proben Sie im Voraus, was Sie sagen wollen, wenn Ihre Geschwister Sie wieder enttäuscht haben. Seien Sie ganz konkret. Schreiben Sie Ihre Antworten auf und lesen Sie sie laut vor. In meinem Büro bitte ich Klienten immer wieder, ihre Reaktionen an mir zu üben, und ich versuche, die Rolle des jeweiligen Gegenübers zu spielen. Durch diese praktische Übung werden sie in die Lage versetzt, an ihren Aussagen zu feilen und Unsicherheiten abzubauen. So wächst das Selbstvertrauen, wenn es darauf ankommt. Lassen Sie sich wenn möglich von Ihrem Ehe- oder Gebetspartner auf diese Weise assistieren.

Lassen Sie sich nicht zu schnell zur Weißglut bringen

Üben Sie es, sich nicht zu schnell zur Weißglut bringen zu lassen. Im Buch der Sprüche werden wir verschiedentlich ermahnt, nicht aufbrausend zu sein. Wenn Sie mit dieser schlechten Angewohnheit, die Sie unter Umständen über Jahre kultiviert haben, Schluss machen wollen, müssen Sie Ihre Reaktionszeiten verlangsamen. Lassen Sie Frust und Wut freien Lauf, dann fahren sie vor Ihnen ab wie ein Zug, den sie verpasst haben. Dann müssen Sie ihn noch einholen, bevor er richtig Fahrt aufnimmt, und die Notbremse ziehen.

Ein Mittel, um die Notbremse zu ziehen beziehungsweise die Weiche für Veränderungen zu stellen, ist der Einsatz eines Schlüsselwortes. Sobald Sie spüren, wie Enttäuschung und Wut in Ihnen aufsteigen, sagen Sie sich irgendein Schlüsselwort – „Halt!" – „Nachdenken!" – „Beherrschung!" –, um sich selber auszubremsen. So haben Sie Zeit, die Weichen zu stellen und sich in neuer Richtung auf den Weg zu machen.

Innere Zwiegespräche, die beruhigen

Die innere Zwiesprache entscheidet oft darüber, ob das Aufbegehren in einer bestimmten Situation gezähmt oder noch angeheizt wird. Diese Selbstgespräche bestimmen also darüber, ob Sie aufbrausen, in Depressionen fallen, Schuldgefühle bekommen oder sich Sorgen machen. Es ist deshalb von entscheidender Bedeutung, diese innere Zwiesprache in die richtigen Bahnen zu lenken und damit zu verhindern, dass Sie mit Worten und Taten Ihre Geschwister verletzen.

Oft werden Sie bereits ahnen, dass sich die Situation zuspitzen wird. Es wird gleich jemand aus der Haut fahren, und dieser Jemand werden Sie selbst sein. Wenn Sie jetzt aufmerken und das in dieser Situation für Sie typische innere Zwiegespräch registrieren, werden Sie eine wichtige Erkenntnis gewinnen: Was genau treibt Sie eigentlich auf die Palme? Wenn Sie sich dessen bewusst geworden sind, fällt es Ihnen leichter, etwas an Ihrer inneren Einstellung zu verändern. Hier nun ein paar Beispiele für Aussagen, die Sie in eine andere Richtung lenken können:

* *Das, was der andere da behauptet, werde ich einfach nicht persönlich nehmen.*
* *Was auch immer geschieht – ich werde mich nicht gehen lassen! Ich kann mich beherrschen, weil Jesus in mir lebt und mich stark macht.*
* *Ich werde ganz ruhig und beherrscht bleiben.*
* *Auf Angriffe, die mich sonst auf die Palme bringen, werde ich abwiegelnd reagieren und sagen: „Na so was!" – „Werde darüber nachdenken." – „Da weißt du mehr als ich. Erzähl mal."*
* *Keiner zwingt mich, mich darüber zu ärgern!*
* *Wenn ich merke, dass ich mich aufzuregen beginne, atme ich einmal tief durch und rede bewusst langsam und bedächtig weiter. Ich lasse mich nicht zu übereilten Reaktionen hinreißen.*

Man verringert die eigene Enttäuschung, wenn man den Erwartungshorizont nicht allzu hoch setzt. Gehen Sie also nicht davon aus, dass sich Ihre Geschwister irgendwann nach Ihren Vorstellungen verhalten. Wenn Sie sich damit einmal abgefunden haben, setzen Sie sich selber nicht mehr so sehr unter Druck.

Es kann sogar sein, dass die Geschwister Sie noch mehr unter Druck setzen, sobald sie die Veränderungen an Ihnen bemerken. Es reizt sie nun noch mehr, Ihnen Knüppel zwischen die Beine zu werfen. Wenn Sie sich ändern, gerät das so schön eingespielte Familiensystem aus dem Gleichgewicht. Und da werden die anderen alles daransetzen, um es wieder in den gewohnten Zustand zu bringen.

Wenn uns die Geschwister peinlich sind

Hat Sie schon einmal peinlich berührt, was Geschwister getan haben? Ein älterer Mann erzählt mir: *„Fast mein ganzes Leben lang ist mir mein Bruder peinlich gewesen. Ich mag mich nicht mit ihm in der Öffentlichkeit zeigen. Er war die meiste Zeit seines Lebens stellungslos. Und so ist es mir zuwider, wenn andere sich bei mir nach ihm erkundigen. Zuweilen habe ich mir schon gewünscht, es gäbe die Möglichkeit, sich von ihm scheiden zu lassen!"*

Solche Ablehnung kann im Laufe der Zeit zu völliger Gleichgültigkeit führen. Die vielen Konflikte haben Sie innerlich abgestumpft. Die Liebe zur Schwester wird durch den Hass neutralisiert. Einerseits spüren Sie Mitleid, aber gleichzeitig auch Abscheu. Eigentlich wollen Sie helfen, aber Ihr Angebot wird abgewiesen. Auf diese Weise hin- und hergerissen, haben Sie irgendwann die Flucht ergriffen. Sie wissen nicht mehr, ob Sie sich noch engagieren sollen oder ob Sie einfach keine Lust mehr haben. Aber Konfliktlösungen sind dann besonders schwierig, wenn Gleichgültigkeit und Indifferenz die Oberhand gewinnen.

Immer nur den Helfer spielen

Als ich noch studierte, verdienten sich einige Kommilitonen im Sommer etwas Geld, indem sie in Schwimmbädern oder am Strand als Bademeister beziehungsweise als Strandaufsicht arbeiteten.

Ich beneidete sie damals immer sehr. Ihre Arbeit erschien mir als Traumjob. Sie waren den ganzen Tag draußen an der frischen Luft und konnten sich sonnen. Zu tun hatten sie es meist nur mit Jugendlichen ihres Alters. Und fast immer herrschte gute Stimmung am Strand. Wenn wir uns nach den Semesterferien wieder trafen, sagte ich zu ihnen: *„Ihr habt's vielleicht gut gehabt. Ihr seid sicher traurig, dass nun alles vorbei ist."*

Doch viele haben mich mit ihrer Antwort überrascht: *„Eigentlich nicht. Ich bin ganz froh, wieder lernen zu können. Ich habe genug davon, dauernd Menschen retten zu müssen."*

Doch es gibt auch Menschen, die niemals müde werden, in Beziehungen den Retter zu spielen. Es ist zu ihrem Lebensinhalt geworden. Die Sache hat jedoch einen Haken: Eine Beziehung funktioniert nicht richtig, wenn einer der Beteiligten ständig darauf aus ist, den anderen zu retten, auch wenn es ein Geschwister ist.

Ob Sie derjenige sind, der aus eigenem Antrieb ständig helfen will, oder ob Sie von anderen dazu animiert werden, es führt in keinem Fall zu einer gesunden Beziehung.

Sofern Sie es sich zur Gewohnheit machen, dem anderen das Lösen seiner Probleme abzunehmen, geben Sie ihm das Gefühl, dass alles in Ordnung ist und dass er sich nicht zu ändern braucht. Sie werden ihm schon immer wieder aus der Patsche helfen. Der Betreffende bekommt nicht die Gelegenheit, aus seinen eigenen Fehlern zu lernen.

Wenn Sie anderen helfen, was erwarten Sie dann als Gegenleistung? Dank, Anerkennung, vielleicht Wiedergutmachung? Gerade bei Geschwistern werden Sie auf Gegenleistungen häufig vergeblich warten. Das kommt daher, dass Sie durch Ihre Hilfe auch Macht über den anderen ausüben. Und das ist unter Geschwistern immer besonders heikel. Am Ende nimmt man Ihnen den Einsatz auch noch übel. Die unausgesprochene Botschaft, die Sie mit Ihrem ständigen Beistand aussenden, lautet doch: „Ich bin dir überlegen, und du schaffst es einfach nicht, für dich selber zu sorgen."

Leihen oder nicht leihen

Es ist immer ein Risiko, jemand Geld zu leihen – vor allem aber unter Geschwistern. Sie sind weder eine Bank noch ein Kreditvermittler. Wenn Sie gefragt werden, sollten Sie sich erst einmal folgende Fragen stellen:

* *Könnte ich es mir leisten, das Geld nicht zu verleihen, sondern zu verschenken, weil ich es vielleicht ohnehin nicht wiederbekomme?*
* *Braucht eins meiner Kinder das Geld dringender als der Bruder oder die Schwester?*
* *Wenn ich das Geld nicht zurückbekomme, bleibt dann die Familie unbelastet von Ressentiments, oder geraten wir dann in Streit?*

Wenn Sie es sich leisten können, geben Sie das Geld, als sei es ein Geschenk, und freuen Sie sich dann, wenn Sie es doch noch wiederbekommen. Wenn Sie genug davon haben, muss ein nicht zurückgezahltes Darlehen ihre Beziehung nicht gefährden. Dies wird natürlich auch nicht geschehen, wenn man Ihrem Bruder oder Ihrer Schwester trauen kann. Auch ein schriftlicher Tilgungsplan kann dazu beitragen, dass die Sache gut ausgeht.

Denken Sie immer daran: Wenn Sie Ihren Geschwistern Grenzen setzen, müssen diese nicht damit einverstanden sein. Es ist *Ihre* Entscheidung, wie weit Sie sich abgrenzen wollen. Lassen Sie Ihre Entscheidung nicht von Bruder oder Schwester bewerten. Es ist *Ihre* Entscheidung, und sie soll zu *Ihrem* Besten dienen. Am Ende werden dann auch die Geschwister davon profitieren. Und das Resultat ist eine befriedete und liebevollere Geschwisterbeziehung unter erwachsenen Menschen.

10. Wenn der Bruder oder die Schwester für immer geht

Wenn der Bruder oder die Schwester stirbt, sind sich viele nicht darüber im Klaren, welche engen Bindungen zwischen Geschwistern bestehen können. Weil der Bruder oder die Schwester oft nicht auf den ersten Blick sichtbar zum vertrautesten Kreis eines Menschen gehört, glaubt man, der Hinterbliebene werde nicht so schwer mitgenommen sein wie z.B. beim Verlust des Partners. Man verliert in einem solchen Fall nicht nur einen lieben Menschen, sondern auch noch den erhofften Rückhalt bei Verwandten und Freunden, und das bedeutet, sich unverstanden und allein gelassen zu fühlen.

Noch im 19. Jahrhundert hat man vom Tod eines Kindes nicht viel Aufhebens gemacht. Die Kindersterblichkeit war einfach zu hoch. Heute sieht das schon anders aus. Zum Ende des 19. Jahrhunderts starben 200 von 1000 Kleinkindern vor dem Ende des ersten Lebensjahres an den unterschiedlichsten Krankheiten. Meist aber wurden genug Kinder geboren, so dass es immer einen Ausgleich gab. Doch heute, wo die Kindersterblichkeit so zurückgegangen ist, ist der Tod eines Kindes ein Ereignis, mit dem man kaum noch rechnet. Wenn es dann doch einmal geschieht, wird daraus gleich ein Ereignis, das Aufsehen erregt.

Wie die Eltern damit zurechtkommen

Der Tod eines Kindes ist ein Ereignis, das immer ganz außergewöhnlich nahe geht. Um das Verhalten der Eltern den übrig gebliebenen Geschwistern gegenüber zu verstehen, muss man wissen, wie tief sich solch ein Vorfall in die Seele der Eltern eingräbt.

Am schwersten fällt es, mit dem Gefühl zurechtzukommen, dass sich der Tod eines Kindes eigentlich gar nicht ereignen dürfte. Unser Rechtsempfinden bäumt sich dagegen auf. Man sucht vergebens nach einem Sinn. Der Tod hat sich geirrt. Und so fragt sich so manches Elternpaar: *„Warum sollen wir weiterleben, wo wir doch eigentlich zuerst dran gewesen wären?"* Der frühe Tod hat den normalen Zyklus durcheinander gebracht, nach dem doch eigentlich die Jungen den Platz der Alten einnehmen.

Die Trauer über den Verlust eines Kindes ist lähmend. Selbst derjenige, der schon so manchen Angehörigen zuvor begraben hat, wird den Verlust eines Kindes als Ereignis ohne Parallele empfinden. Es trifft die Eltern in den meisten Fällen völlig unvorbereitet. Jemand hat einmal die Trauer mit einem Schatten verglichen, der auf den Mond fällt und damit die Nacht noch finsterer macht, als sie ohnehin schon ist. Bei jedem Toten, der zu beklagen ist, streicht der Schatten schleppend über das Angesicht des Mondes. Doch beim Tod eines Kindes scheint die Zeit der Finsternis noch viel langsamer zu vergehen – quälend langsam.

Wenn Eltern ein Kind verlieren, bedeutet dies nicht nur den Verlust eines Menschenlebens. Dieses Kind stand für so vieles und war ein Teil des Lebens seiner Eltern. Es war Träger vieler ihrer Charaktermerkmale. Und wer einen Teil von sich sterben sieht, wird den Verlust umso tragischer empfinden.

Das Kind als physisches Gegenüber wird genauso vermisst – der Anblick, der Klang seiner Stimme, der Geruch, die liebevolle Berührung. Ist der Tod in der Zeit eingetreten, da das Kind noch täglicher Pflege bedurfte, ist die plötzliche Abwesenheit besonders schmerzlich zu spüren.

Das Kind war eine Verheißung auf die Zukunft, und die gibt es nun nicht mehr. Je umfangreicher die Kommunikation zwischen Eltern und Kind bereits war, desto schmerzlicher fehlt plötzlich die Quelle so manches Liebesbeweises. Und was wird aus den eigenen Talenten und Stärken? Sie sollten doch in den Kindern weiterleben und in die Zukunft mitgenommen werden. Das ist nun auch vorbei. Und auch die Träume und Hoffnungen, die die Kinder sich eines Tages selber erfüllen sollten, sind nun zerplatzt wie Seifenblasen. Die guten Jahre, die man sich in der Fantasie schon ausgemalt hatte und die so ereignisreich sein sollten, sie finden nicht mehr statt.

Es kommt auch immer wieder vor, dass sich Eltern für den Tod ihres Kindes die Schuld geben. Sie sind aufgebracht und niedergeschlagen zugleich, weil sie es nicht geschafft haben, das Unglück zu verhindern. Man erwartet schließlich von Eltern, dass sie ihr Kind versorgen und sich schützend vor es stellen. Das Kind soll umsorgt aufwachsen, bis es eines Tages seine Eltern begraben kann.

Wenn man bei dieser Aufgabe „versagt", wenn also das Kind stirbt, werden Eltern oft das Gefühl nicht los, ihrer wichtigsten Pflicht nicht nachgekommen zu sein.

Der Tod eines Kindes ist in jedem Fall ein Frontalangriff auf das Selbstwertgefühl der Eltern, auf die eigene Identität. Weil es ihnen anscheinend nicht gelungen ist, ihr eigenes Kind vor Schaden zu bewahren, werden sie von dem Gedanken geplagt, jämmerlich versagt zu haben. Sie fühlen sich kraftlos, unfähig und von den Umständen übermannt. Später stellen sich oft tiefe Niedergeschlagenheit, innere Leere und Verunsicherung ein – und das alles, weil das Selbstwertgefühl stark angeschlagen ist. Die Folge sind Schuldgefühle, die fast immer einen großen Anteil elterlicher Trauer ausmachen.

Elterliche Trauer kann ganz verschiedene Formen annehmen. So gibt es Eltern, die mit einer Überlebensschuld zu kämpfen haben. Sie werden das Gefühl nicht los, unberechtigt weiterzuleben, während ihr Kind bereits tot ist. Auch können sich Schuldgefühle einstellen, weil die Eltern glauben, einer von ihnen habe schlechte Gene weitergegeben und sei deshalb ursächlich an der Entstehung der tödlichen Krankheit schuld. Es kann sich auch die Auffassung festsetzen, dass der Tod des Kindes die Strafe für die Übertretung irgendwelcher Moralgesetze oder religiöser Regeln sei.

Aus all diesen Gründen wird die Trauer um ein verlorenes Kind in aller Regel intensiver und länger sein als beim Verlust eines anderen Mitmenschen.

Eltern, die ein Kind verlieren, werden noch lange Groll und tiefe Verzagtheit mit sich herumtragen. Es ist der Groll gegen alle Personen, die das Unglück möglicherweise hätten verhindern können, gegen die Unfairness, die hinter dem Ereignis steckt, und gegen Gott. Es ist ebenso schwer, sich damit abzufinden, dass das Leben von heute auf morgen eine völlig unerwartete und ungewollte Wendung genommen hat. Die Entrüstung darüber wird im Normalfall noch Jahre anhalten.

Eltern, die einen solchen Verlust erlitten haben, werden lernen müssen, damit zu leben. Und dieser Lernprozess wird seine Zeit dauern. Eltern neigen dazu, ihr Leben anhand der Entwicklungsschritte ihrer Kinder in Episoden und Phasen einzuteilen. Auch nach dem Tod ihres Kindes werden sie damit fortfahren: Der sechste Geburtstag mit der Einschulung, die Teenager-Zeit, der Führerschein mit 18 und das Abitur. Immer wenn ein solcher Termin näher rückt, ist die Trauer wieder ganz unerwartet gegenwärtig.

Nach dem Tod eines Kindes leidet auch in vielen Fällen die Ehe der Eltern. Es ist, als würde das ganze Familiensystem ins Wanken geraten. Möglicherweise bekommen Eltern massive Probleme mit den verbleibenden Kindern, die sich ja auch mit dem Verlust eines Geschwisters auseinander setzen müssen. Es können aber auch Probleme am Arbeitplatz entstehen, weil Eltern für längere Zeit beschränkt einsatzfähig sind oder gar nicht erscheinen können.

Wegen der zu verarbeitenden Trauer können tägliche Routinearbeiten im Haus zur Qual werden. Die Folge sind Spannungen, weil man auf die vermeintliche Nachlässigkeit des Partners mit Gereiztheit reagiert. Durch die vorausgehende Krankheit des Kindes und seine fast immer kostspielige Beerdigung kann auch die finanzielle Lage der Familie ziemlich angespannt sein. All das zusammen kann zu einer Zerreißprobe für die Ehe der Eltern werden.

Es wird geschätzt, dass ca. 90 Prozent aller Ehen, die den Verlust eines Kindes zu verkraften haben, im ersten Jahr danach mit manifesten Eheproblemen zu kämpfen haben. Beim Verlust des einzigen Kindes ist sogar die Scheidungsrate stark erhöht. Statistiken belegen auch, dass nahezu 70 Prozent der Ehen, deren Kinder durch Gewaltanwendung ums Leben gekommen sind, vor dem Scheidungsrichter landen. Viele Ehen, die nach solch einem Ereignis in die Brüche gegangen sind, wurden ohnehin nur noch von äußerst schwachen Bindungskräften zusammengehalten. Durch das tragische Ereignis sind diese dann endgültig zerrissen.

Es kann auch vorkommen, dass die elterlichen Rollen als Bindeglied stärker waren als die partnerschaftliche Bindung der Eheleute. Trotzdem muss der Tod eines Kindes nicht zwangsläufig den Tod der Ehe nach sich ziehen. Bei der richtigen Einstellung kann diesem tragischen Ereignis durchaus eine Zeit folgen, in der man sich gegenseitig tröstet und trägt, so dass beide Partner daran wachsen.

Eltern sind niemals darauf eingestellt, ein Kind zu verlieren, sofern es nicht schon länger sterbenskrank war. Die alles überschattende Trauer, die Eltern nach dem Tod ihres Kindes befallen kann, drückt sich in einer emotionalen Benommenheit aus. Der Betroffene reagiert nur eingeschränkt auf Eindrücke seiner Umwelt, und sein ganzes Verhalten ist lethargisch. Charakteristisch für diesen Gemütszustand ist der latente und fast gleichbleibende Seelenschmerz im Hintergrund, der nur gelegentlich durch den einen oder anderen Auslöser an die Oberfläche kommt. Es müssen nicht unbedingt die Tränen fließen, aber immer ist dieser Vorgang begleitet von tiefer Traurigkeit und Angst. Diese Trauer wird unterschiedlich intensiv sein, abhängig von den beteiligten Personen und den Umständen. Den einen nimmt sie emotional mehr mit als den anderen.

Die Reaktionen überlebender Geschwister

Wenn ein Kind stirbt, sind Eltern oft gezwungen, an mehreren Fronten gleichzeitig zu kämpfen. Sie müssen nicht nur selber mit dem Verlust fertig werden. Auch mit den verbleibenden Geschwistern sind Auseinandersetzungen zu erwarten. Und die Großeltern sind in vielen Fällen auch noch in Trauer, denn sie haben ein geliebtes Enkelkind verloren. Es kommt deshalb nicht selten vor, dass die Geschwister mit ihrer Trauer allein fertig werden müssen, weil die Eltern nicht die Kraft haben, ihnen zur Seite zu stehen.

Wer soll es den Geschwistern mitteilen, wenn der Bruder oder die Schwester nicht mehr lebt? Sollte man sie versammeln oder mit jedem einzeln sprechen? Sollen die Geschwister den Toten noch einmal vor der Beerdigung sehen? Sollen sie überhaupt an der Beerdigung teilnehmen oder lieber zu Hause bleiben? Wie erklärt man einem Dreijährigen den Tod? Was ist, wenn Sie sich außerstande sehen, die Fragen der Kinder zu beantworten? Ich glaube kaum, dass es Eltern gibt, die diese Fragen schon im Voraus überdenken. Sie müssen es aber dann jedoch tun, wenn sie am wenigsten dazu in der Lage sind.

Darüber hinaus sind jetzt viele Fragen zu klären. Was soll man mit den Sachen des Verstorbenen machen – mit den gemalten Bildern, mit der Zimmereinrichtung, mit der Kleidung und mit den Spielsachen? Vielleicht möchten die Eltern das Spielzeug für die anderen Kinder aufheben, aber diese wollen es nicht. Oder umgekehrt: Die Eltern möchten es nicht ständig vor Augen haben und deshalb wegwerfen, während die Geschwister protestieren, weil man damit doch so schön spielen kann.

Wer hilft den Kindern bei ihrer Trauerarbeit? Da die meisten Eltern wenig Erfahrung mit solchen persönlichen Verlusten und deren Verarbeitung haben, bekommen die Kinder meist wenig Unterstützung. Es werden eher Außenstehende sein, die helfen: Verwandte, Gemeindemitarbeiter oder ein Seelsorger.

Wenn Geschwister sterben, fragen sich die anderen oft: *„Wieso ist mein Bruder überhaupt gestorben?"* Oder: *„Wie ist das eigentlich – tot zu sein?"* Die Trauerarbeit der Kinder wird vielfach deshalb unnötig in die Länge gezogen, weil die Eltern sie mit groben Vereinfachungen abspeisen: „Dein Bruder lebt jetzt oben auf den Wolken." Oder: „Der liebe Gott hat ihn zu sich genommen." Das kleinere Geschwister wird sich dann fragen: *„Wenn er ihn zu sich genommen hat, wird er dann auch mich holen?"*

Es kann aber auch vorkommen, dass die Eltern eine viel zu komplizierte Antwort geben: „Dein Bruder ist gestorben, weil sein Immunapparat aufgrund einer generalisierten Entzündung im Körper überfordert war." Selbst Erwachsene ohne medizinische Vorbildung verstehen solche Aussagen kaum. Wie soll ein Kind damit etwas anfangen können?

Immer parat ist natürlich die typische Ausflucht: „Da reden wir später mal drüber." Das ist allerdings nichts als Drückebergerei. Zu einfache, zu komplizierte oder gar keine Antworten – all das wird mehr Schaden anrichten, als dass es wirklich hilft.

Welche Erinnerungen bleiben den Geschwistern, wenn der Bruder oder die Schwester gestorben ist? Denken sie in erster Linie an die schönen Dinge aus der gemeinsamen Vergangenheit? Wohl kaum. Sie werden sich eher an Zank und Streit erinnern, an Ohrfeigen und all die Gelegenheiten, wo man sich einfach in die Quere gekommen war. Das Resultat ist, dass Schuldgefühle zu einer schweren Last werden. Die Kinder vergessen dabei, dass Zank und Streit etwas ganz Normales unter Geschwistern ist. Und so treibt sie der Gedanke um, dass sie eigentlich viel freundlicher mit dem Bruder oder der Schwester hätten umgehen müssen.

Die Position in der Geschwisterreihe scheint jedenfalls Einfluss darauf zu haben, wie das jeweilige Kind mit der Situation fertig wird. Ältere Geschwister leiden unter Schuldgefühlen, weil sie sich relativ häufig gewünscht haben, der kleine Bruder sei gar nicht da. Die kleineren Geschwister sehen dagegen eher die Bürde auf sich zukommen, nun Stellung und Aufgaben des älteren Geschwisters übernehmen zu müssen.

Immer wieder treten Geschwister auch noch nach dem Tod des Bruders oder der Schwester in eine Art Konkurrenzkampf, vor allem, wenn die Eltern das verstorbene Kind in den Himmel heben und ständig von seiner Intelligenz, seinen Fähigkeiten und seinem vorbildlichen Betragen schwärmen.

Wenn die verbliebenen Geschwister immer wieder zu hören bekommen, was für ein Engel die Schwester oder der Bruder war, dann werden sie eifersüchtig und fühlen sich nicht richtig geliebt.

Es scheint unmöglich zu sein, dem toten Geschwister jemals das Wasser reichen zu können. Und dieser ständige Wettstreit mit den Erinnerungen zermürbt, macht zornig und führt langfristig zu Schuldgefühlen.

Schädliche Reaktionen und Verhaltensweisen der Eltern

Es gibt drei sehr verbreitete aber auch schädliche Reaktionen von Eltern, die mit ihrer Trauerarbeit nicht zu Ende gekommen sind. Die erste ist das Totschweigen. Es wird ein großes Geheimnis um den Tod des Kindes gemacht. Für die Geschwister bleibt das Verschwinden des Bruders oder der Schwester ein Mysterium, das sie lange Zeit verfolgen wird. Die Kinder glauben, auch ihre eigenen Gefühle – gute und schlechte – vor den Geschwistern verbergen zu müssen. Und so trauert jedes Kind ganz allein für sich.

Schweigen

Warum schweigen? Wovor fürchten sich die Eltern, wenn offen geredet wird? In vielen Fällen ist es Scham. Jemand, der offen spricht, könnte andeuten, dass die Eltern nicht genug getan hätten, um den Tod zu verhindern. Doch die Kinder mit ihrer noch beschränkten Einsicht durchschauen das natürlich nicht. Sie vermuten eher, dass die Eltern ihnen etwas übel nehmen und dass sie Schuld am Tod des Geschwisters haben. Das gilt besonders dann, wenn die Geschwister zuvor nicht besonders gut mit dem Bruder oder der Schwester ausgekommen sind.

Viele Eltern haben sich auch noch nicht hinreichend mit dem Tod auseinander gesetzt. Erschrocken vom plötzlichen Hereinbrechen des Todes, fallen sie in ratloses Schweigen. Und so kommt es, dass die Eltern aus Furcht vor Komplikationen lieber schweigen. Und die Kinder schweigen ihrerseits, weil sie die Eltern nicht gegen sich aufbringen wollen. Jeder ist damit beschäftigt, einen Schutzwall um sich zu errichten.

War das verstorbene Kind der Liebling, bekommen die Geschwister in vielen Fällen den Konflikt zu spüren, in dem sich die Eltern nun befinden. Immerhin haben die Eltern mit ihrer Bevorzugung Schaden angerichtet. Und das wird ihnen nun vielleicht doch bewusst.

Vor vielen Jahren war ein 25-jähriger Mann bei mir in der Seelsorge. Im Laufe der Gespräche erfuhr ich, dass sein Bruder, ein Marineinfanterist, sieben Jahre zuvor gestorben war. Ich fragte ihn, ob er und sein Bruder ein inniges Verhältnis gehabt hätten. Das bejahte er. Und er erzählte mir, dass die Mutter aus dem Zimmer seines Bruders eine Gedenkstätte gemacht habe, indem sie darin alles so beließ, wie es zu seinen Lebzeiten gewesen war. Nichts war in all den Jahren angerührt worden.

Ich fragte diesen Mann, ob er beim Tod seines Bruder geweint habe. „Ja, schon, auf der Beerdigung", erwiderte er. Ob er am Grab gewesen sei, wollte ich wissen „Doch, bei der Beerdigung." Aber seit sieben Jahren habe er nicht mehr geweint, und am Grab sei er auch nicht mehr gewesen. In dieser langen Zeit hatte er alles getan, um jeden Ausdruck seiner Trauer vor anderen zu verbergen.

Ich riet ihm darauf, sich das Familienalbum zu nehmen und damit zum Grab zu gehen. Dort sollte er sich eine Weile hinsetzen, sich all die Bilder ansehen, auf denen er und sein Bruder zu sehen waren, und ihr gemeinsames Leben Revue passieren lassen. Auch sollte er beten und einfach abwarten, was geschehen wird. Das tat er dann auch. Und als wir uns 14 Tage später wieder trafen, erzählte er:

Ich ging zum Grab meines Bruders und tat, was Sie mir vorgeschlagen hatten. Ich sah mir unsere Bilder an, und viele Erinnerungen kamen zurück. Ich betete und sprach sogar laut mit meinem Bruder. Es war schon ein bisschen komisch. Aber nach drei Stunden konnte ich weinen! Ich weinte bitterlich – endlich.

Ich erkundigte mich, wie es ihm dabei ergangen sei, und er antwortete: „Es ging mir gut. Es war so befreiend!" Ich frage mich manchmal, wie viele Menschen es wohl bitter nötig hätten, um ihren Bruder oder ihre Schwester zu weinen.

Zu sehr behüten

Es gibt noch eine zweite verbreitete Reaktion der Eltern auf den Tod eines Kindes. Plötzlich beschleicht sie die Angst, sie könnten auch noch die anderen Kinder verlieren, und deshalb tun sie alles, um sie zu behüten. Doch dabei wird dann oft übertrieben. Der Schutz der Kinder beginnt das ganze Denken der Eltern zu beherrschen, wobei die Art des Todes die Richtung bestimmt. Ist das Kind z.B. an schweren Kopfverletzungen nach einem Fahrradunfall gestorben, wollen die Eltern plötzlich nicht mehr, dass die Geschwister auf dem Schulweg das Fahrrad benutzen. Sie müssen entweder zu Fuß gehen oder sich allenfalls von den Eltern begleiten lassen. Die Ängste der Eltern übertragen sich dann leicht auf die Kinder, denn diesen bleiben ja die Sorgen der Eltern nicht verborgen.

Eine Rolle aufbürden

Eine dritte verbreitete, aber auch schädliche Reaktion der Eltern besteht darin, dass sie dem noch lebenden Geschwister die Rolle des Verstorbenen aufbürden. Der Bruder oder die Schwester muss dann gleich zwei Leben führen – das eigene und das des toten Geschwisters. Auch haben sich schon Eltern im fortgeschrittenen Alter, die eigentlich keine Kinder mehr bekommen wollten, entschlossen, als Ersatz noch ein weiteres in die Welt zu setzen. Diese Position ist allerdings nicht zu beneiden, denn das als „Ersatz" gezeugte Kind wird immer wieder mit dem verstorbenen verglichen werden. Das ist eine schwere Last. Das Kind muss sich darum bemühen, die eigene Identität und die des Geschwisters auszuleben.

176

Erwachsene Geschwister versuchen eventuell freiwillig, die Lücke bei den Eltern zu schließen, indem sie nicht mehr von ihrer Seite weichen oder sogar ganz in die Rolle des toten Bruders schlüpfen.

Weitere Folgen für die Hinterbliebenen

Es gibt noch einiges mehr, was das Leben übrig gebliebener Geschwister nachhaltig beeinflusst. Da ist z.B. das Erlebnis des Todes selbst. Wer seinen Bruder sterben sieht, wird die Bilder wahrscheinlich lange Zeit nicht los. Oft aber darf nicht darüber gesprochen werden. Sowohl der Unfall mit schwersten Verletzungen als auch der Anblick der sterbenden Schwester auf dem Krankenbett sind Eindrücke, die nicht so leicht zu verarbeiten sind. Man denke nur an die Situation, dass der Bruder seine Schwester mit dem Gesicht nach unten im Swimmingpool treibend vorfindet oder dem im Auto eingeklemmten Bruder nicht helfen kann.

Selbst wenn Kinder nicht direkt Zeugen der tragischen Ereignisse werden und erst über andere Personen vom Tod erfahren, sind die Konsequenzen noch bedrückend genug. Was wirklich geschah, müssen sich die Geschwister nun in ihrer Fantasie ausmalen. Wenn es keine Gelegenheit mehr gibt, den Toten noch einmal zu sehen, kann es sein, dass der Verlust regelrecht verdrängt wird. Gerade kleinere Kinder, die die Endgültigkeit des Todes noch nicht begreifen, wollen oft das Schreckliche nicht wahrhaben.

Ein weiterer Faktor ist die Länge des Sterbevorgangs. Der kann bei entsprechender Krankheit unter Umständen Jahre dauern. Eine solche Leidenszeit bedeutet für die Geschwister, große Hilflosigkeit zu erleben und sich ständig zurückgesetzt zu fühlen. Das führt zu einer fortwährenden Überbelastung. Weil die Eltern all ihre Kraft, Liebe und Aufmerksamkeit dem sterbenden Kind schenken, bleibt für die Gesunden kaum etwas übrig. Die Geschwister müssen sich auf nicht absehbare Zeit mit dem Rest begnügen und darüber hinaus noch Pflichten und Aufgaben im Haus übernehmen.

Wohl immer vorhanden unter den verbleibenden Geschwistern ist das ungute Gefühl, nicht genug für den Bruder oder die Schwester getan zu haben, um seinen Tod zu verhindern. Vielleicht halten sie sich sogar für schuldig am Tod des Geschwisters. Gerade Kinder und Jugendliche sterben ja verhältnismäßig oft durch Unfälle, für die irgendjemand die Verantwortung trägt. In dem Film *Ordinary People* gelangte der den Segelunfall überlebende Conrad niemals zu der Gewissheit, wirklich alles getan zu haben, um seinen Bruder vor dem Ertrinken zu retten. Viele Kinder leben mit dem unguten Gefühl, sie wären womöglich in der Lage gewesen, den Tod des Bruders oder der Schwester zu verhindern. Dann plagen Gewissensbisse, Selbstzweifel und die quälende Frage: „Verdiene ich es, noch hier zu sein?"

Kritisch ist das Alter der Geschwister beim Tod von Bruder oder Schwester. Kleinere Kinder werden die Ereignisse eher falsch deuten. So hat sich die kleine Schwester möglicherweise über den Bruder so geärgert, dass sie sich wünschte, er möge für immer verschwinden. Und dann stirbt der Bruder ganz plötzlich. Nun glaubt die kleine Schwester natürlich, sie sei dafür persönlich verantwortlich. Kleine Kinder glauben häufig, dass Wünsche, die überraschend in Erfüllung gehen, in ihren Verantwortungsbereich fallen. Und so manches lebt deshalb jahrelang mit der Vorstellung, schuld am Tod des Geschwisters zu sein.

Wenn man als Erwachsener Geschwister verliert

Was ändert sich, wenn man ein Geschwister als Erwachsener verliert? Es wird immer behauptet, der Verlust der Eltern oder des Partners sei das traumatischste Erlebnis im Leben eines Menschen. Doch vielen stehen die Geschwister am allernächsten, und entsprechend schwer wird deren Tod verarbeitet. Stirbt Ihr Bruder oder Ihre Schwester, so müssen Sie allerdings damit rechnen, dass dieses Ereignis von der Außenwelt als weniger tragisch für Sie angesehen wird.

Warum kann ein solcher Verlust dennoch als ausgesprochen traumatisch erlebt werden? Nehmen wir ein Beispiel: Jan hatte zwei Brüder. Der eine war zwei Jahre älter und der andere zwei Jahre jünger als er. Die Eltern starben, als die Brüder Mitte zwanzig waren. Zu dieser Zeit heirateten sie auch. Mit fünfzig hatte Jan seine Eltern und seine Frau also etwa für jeweils die Hälfte seines Lebens um sich gehabt. Doch als dann sein älterer Bruder starb, verlor er jemand, der ihn schon sein ganzes Leben begleitet hatte. Niemals wieder konnte Jan mit jemand früheste Kindheitserinnerungen austauschen. Eine Konstante war aus seinem Leben herausgebrochen. Durch den Tod seines Bruders fühlte er sich gealtert, und ihm wurde seine Sterblichkeit bewusster. Immer wieder ertappte er sich dabei zu überlegen, ob er wohl auch sterben werde, wenn er das Alter seines Bruders erreicht. Wer in dieser Stimmung ist, hört leicht beim Klang der Totenglocke die Botschaft heraus: „Du bist der Nächste.“

Nicht nur Kinder entwickeln beim Tod eines Geschwisters Schuldgefühle, sondern auch Erwachsene – allerdings dann meist aus anderen Gründen. Vielleicht erinnern Sie sich daran, wie nahe Sie sich in der Kinderzeit standen. Inzwischen haben Sie sich allerdings immer mehr entfremdet. Und nun, da es zu spät ist, bereuen Sie, dass sie nichts dagegen unternommen haben. Vielleicht ist auch so mancher Konflikt zwischen Ihnen ungelöst geblieben, den Sie eigentlich immer aus dem Weg räumten wollten. Zu all dem kommt dann noch die Erfahrung, dass Sie nicht einmal bei der Gestaltung der Trauerfeier mit Ihren Vorstellungen gefragt sind, weil sich der Ehepartner und die Kinder des Verstorbenen damit bereits befassen.

Wird Ihre Schwester pflegebedürftig, so können alte Ressentiments wieder aufleben, denn plötzlich kümmern sich wieder alle wie früher nur um sie. Die Bitterkeit, die sich jetzt bei Ihnen meldet, wird Sie später, sollte die Schwester sterben, erneut in Form von Schuldgefühlen umtreiben.

Hat ein Bruder oder eine Schwester das Familiensystem verlassen, muss sich dieses neu strukturieren. Das kann zusätzlichen Stress und neue Verlustängste nach sich ziehen. So jedenfalls war das bei Tim. Zeit seines Lebens hatte er als Jüngerer im Schatten seines Bruders gestanden. Nachdem dieser gestorben war, bekam Tim zwar mehr Aufmerksamkeit und Anerkennung für seine Leistungen, aber er musste gleichzeitig die Aufgaben und Pflichten seines Bruder übernehmen, der sich um die betagten Eltern gekümmert hatte.

Die verschiedenen Aspekte, die im Erwachsenenalter beim Tod eines Geschwisters eine Rolle spielen, finden wir sehr gut von einer Frau beschrieben, die ihren jüngeren Bruder Bernd verloren hatte:

Ich trauerte um Bernd, meinen Bruder, der nicht nur einfach ein Mitglied unserer Familie gewesen war. Er hatte mich wie kein anderer gekannt und verstanden. Er hatte sich in mich einfühlen können wie sonst niemand auf diesem Planeten. Er war mir näher, als ich es mir jemals einzugestehen gewagt hatte. Er war mein zweites Ich, mein Doppelgänger.

Ich trauerte umso mehr, als nun alles vorbei war und ich nichts wieder gutmachen konnte, denn bis auf kurze Lichtblicke hatten es mein Bruder und ich nie richtig geschafft, uns unsere Seelenverwandtschaft einzugestehen. Wir hatten es nicht gewagt, darüber offen zu reden. Wir haben uns diese geistige und seelische Nähe nicht zunutze gemacht. Sie hat uns nicht dazu gedient, uns gegenseitig zu stützen und unser Leben zu bereichern. Vielleicht haben wir es heimlich ersehnt – und je älter wir wurden, desto dringlicher wohl.

Aus irgendeinem Grund haben wir es nicht geschafft. Es war schon zu viel zwischen uns geschehen – zu viele Gemeinheiten und Sticheleien. Wir hatten zu lange geschwiegen und zu oft auch Angst voreinander gehabt. Das waren auch die Gründe, warum wir bei jedem neuen Willkommensgruß sofort wieder auseinander drifteten und uns innerlich Adieu sagten.

Als ich das alles endlich zu spät begriff – in seiner ganzen Tragweite –, war ich plötzlich in der Lage, uns beiden zu vergeben, dass wir für alle Zeiten die Chance verpasst hatten, einander näher zu kommen. In der Konstellation, in der wir lebten und die wir vor-

fanden, um unser Leben zu gestalten, hatten Bernd und ich unser Bestes gegeben. Und während im Laufe der folgenden Wochen und Monate diese Erkenntnis in mir an Boden gewann, spürte ich, wie meine Trauer zu weichen begann. Mein innerer Friede kehrte zurück, und ich kam wieder zu Kräften.

Ganz unerwartet spürte ich plötzlich wieder Bernds Gegenwart, je mehr Schmerz und Trauer wichen. Während ich zuvor an meinen Bruder lediglich mit Trauer und Verlangen denken konnte, erinnerte ich mich nun zunehmend mit heiterer Gelassenheit an ihn – an seinen spitzbübischen Scharm, an seinen manchmal schwarzen Humor und seine atemberaubende und nicht zu bremsende Lebenslust.

Ich habe auch dann noch immer meinen Bruder sehr vermisst. Das hat niemals nachgelassen, und daran wird sich wohl auch nichts ändern. Aber es gelingt mir immer wieder, die Lücke zu füllen, die er hinterlassen hat, wenn ich ganz plötzlich Bernds Geist in meiner Nähe spüre, wie er schelmisch kichert und nur drauf wartet, mir einen neuen Streich zu spielen.

Sie können sich darauf vorbereiten

Vielleicht haben Sie bereits eine Schwester oder einen Bruder verloren. Falls nicht, müssen Sie damit rechnen, dass es irgendwann in der Zukunft geschieht. Sie werden aber viel besser mit dieser Situation zurechtkommen, wenn Sie vorher so viel wie möglich darüber gelernt haben, was Trauer ist und was es bedeutet, Abschied zu nehmen. Sie werden dann viel eher innerlich befriedet auf ihre Beziehung zurückschauen und nach Beendigung der Trauerarbeit ins normale Leben zurückkehren können.

11. Geschwisterbeziehungen im Wandel

Geschwisterbeziehungen sind einem ständigen Wandel unterworfen. Das müssen keine spektakulären Veränderungen sein. Oft verläuft dieser Prozess sogar unmerklich und schleichend. Im Laufe der Jahre verbringen wir weniger und weniger Zeit miteinander, wir verstehen uns kaum noch. Die Vertrautheit schwindet, und irgendwann können wir einander nicht mehr ertragen.

Denken wir einmal darüber nach, welche Veränderungen wir im Laufe unsere Lebens normalerweise durchmachen. Einige sind vorhersehbar, einige stellen sich unvermittelt ein, und manchmal entsteht sogar erheblicher Schaden. Sie werden sich bestimmt an solche größeren Umbrüche in Ihrem Leben erinnern. Jede der folgenden Ereignisse wird auf die eine oder andere Weise Geschwisterbeziehungen tangieren.

Ein Bruder verlässt das Haus, weil er an einem anderen Ort eine Arbeitsstelle gefunden hat. Die Schwester wird eingeschult. Der Bruder heiratet und zieht in eine andere Gegend. Nichten und Neffen werden geboren. Die Eltern können sich nicht mehr selber versorgen und ziehen zur Schwester oder ins Seniorenheim.

Wie verändern sich Geschwisterbeziehungen, wenn ein Elternteil frühzeitig stirbt oder zum Pflegefall wird, oder wenn die Eltern sich scheiden lassen? Oft bedeuten solche Ereignisse größere Umstellungen im täglichen Leben. Wie wird sich die Geschwisterbeziehung weiterentwickeln, wenn sich der Bruder plötzlich als homosexuell empfindend outet? Was ist, wenn die Schwester sich scheiden lässt oder ein Verhältnis hat, wenn der Bruder Kinder missbraucht oder rauschgiftabhängig wird? Selbst eine Beförderung oder der Verlust des Arbeitsplatzes kann in Geschwisterbeziehungen Spuren hinterlassen.

Bei jedem Einbruch in die tägliche Routine – wie bei jeder Krise – stehen wir vor der Alternative: Entweder wir nutzen die Gelegenheit zur Entfaltung unseres Potenzials, oder wir geraten in eine Sackgasse, was zum Stillstand führt. Manchmal bietet sich ganz unvermittelt die Gelegenheit, unter den neuen Umständen eine Beziehung zu kitten oder wieder zu beleben. Immer wieder kommt es aber auch vor, dass durch veränderte Lebensumstände selbst enge und vertraute Beziehungen in die Brüche gehen. Alles hängt davon ab, in welchem Maß wir uns engagieren.

Der Ehe-Effekt

Heiratet der Bruder oder die Schwester, so wirkt sich dies nachhaltig auf die Beziehung unter den Geschwistern aus. Eine so enge Verbindung, wie es die Ehe nun einmal ist, bewirkt, dass sich das Koordinatensystem innerhalb der Familie verschiebt.

Denn eine Ehe bedeutet immer, sich von seiner Ursprungsfamilie fortzubewegen. Loyalitäten verschieben sich auf andere Personen. Und die Familie vergrößert sich. Nehmen wir Frank und Jana als Beispiel. Frank, der Älteste von fünf Geschwistern, brachte seine große Familie einschließlich der Eltern mit in die Ehe. Aber auch Jana kam nicht mit leeren Händen. Sie brachte zwei leibliche Geschwister mit, zwei Stiefgeschwister, Mutter, Vater, Stiefvater und Stiefmutter. Bei einer solchen Konstellation ist es geraten, schon gleich zu Anfang festzulegen, wo man Weihnachten und Ostern feiert und ob sich alle immer zu den jeweiligen Geburtstagen treffen. Sonst wird die Sache kompliziert, und irgendeiner ist immer beleidigt.

Nicht mehr die erste Geige spielen

Wenn der Bruder oder die Schwester heiratet, muss man sich damit abfinden, bei dem anderen nicht mehr die erste Geige zu spielen. Man wird nicht mehr so viel Zeit miteinander verbringen können, und das führt zu einem gewissen Verlust an Vertrautheit. Der Partner ist nun die wichtigste Person im Leben des Bruders oder der Schwester.

Kontakte sind in Zukunft längst nicht mehr so spontan möglich. Man kann nicht mehr wie früher unangemeldet mal auf ein Schwätzchen vorbeikommen. Da fühlt sich so mancher Bruder und so manche Schwester plötzlich wie das fünfte Rad am Wagen. Es ist jemand gekommen und hat einem diesen lieben Menschen einfach geraubt und damit eine Lücke gerissen. In solch einem Fall kann man folgende Aussagen hören:

* *Wir sehen uns ja kaum noch.*
* *Ich weiß eigentlich kaum noch etwas von ihr.*
* *Selbst am Telefon reden wir nicht mehr so ungezwungen wie früher.*
* *Ich vermisse sehr, dass wir nicht mehr so spontan was unternehmen.*

Je mehr Zeit Geschwister miteinander verbracht haben und je vertrauter sie waren, desto wahrscheinlicher wird sich der Zurückbleibende im Stich gelassen fühlen. Schwestern scheinen in dieser Beziehung noch etwas empfindlicher zu reagieren als Brüder – oder sie sind eher bereit, offen über ihre Verlustgefühle zu reden.

Wir alle wollen unseren Partner aussuchen, ohne dass andere Einfluss darauf nehmen. Können wir das aber überhaupt? Es gibt so viele Faktoren, die letztlich unsere Entscheidung in eine bestimmte Richtung lenken. Den Einfluss der Geschwister auf die Partnerwahl sollte man nicht unterschätzen. Er ist größer und kommt häufiger vor, als man denkt. Und wir sind uns der Konsequenzen oft gar nicht bewusst.

Der Kampf zwischen den Schwägern

Was machen Sie, wenn die Geschwister mit der Wahl Ihres Partners nicht einverstanden sind? Wie viel Mitspracherecht räumen Sie ihnen ein? Was ist, wenn sich auch noch die Eltern quer stellen?

Geschwister widersprechen eher der Partnerwahl, wenn der oder die Auserwählte nicht dem gesellschaftlichen Stand der Familie entspricht oder einen anderen ethnischen und religiösen Hintergrund hat. Konflikte entstehen auch dann, wenn die sich findenden Partner ihre jeweiligen Geschwisterbeziehungen unterschiedlich werten.

Zwischen Schwägern und Schwägerinnen kann es zu einer Vielzahl von Konflikten kommen. Ich kenne viele, viele Paare, bei denen einer der Partner das Gefühl hat, der andere sei eher mit dem Geschwister als mit ihm verheiratet. Es kommt immer wieder vor, dass mehr Zeit, Geld und Engagement in die Geschwisterbeziehung investiert wird als in die eigene Ehe. Man kann sich vorstellen, dass so etwas nur Eifersucht und Missstimmungen provoziert.

Es gibt eine Person in der angeheirateten Familie, die mehr als alle anderen Konflikte heraufbeschwört: Am häufigsten wird über die Schwiegermutter geklagt. An zweiter Stelle stehen die Schwägerinnen untereinander. Hierbei ist am problematischsten der Umgang mit der Schwester des Ehemannes.

Die Schwestern der Ehemänner neigen dazu sich einzumischen, zu kritisieren, allzu anhänglich zu sein und sich besitzergreifend aufzuführen. Offenbar haben die Schwestern fast die gleichen Schwierigkeiten, den Bruder loszulassen, wie es den Müttern schwer fällt, ihre Söhne gehen zu lassen. Aber das muss uns nicht verwundern, denn oft genug übernehmen Schwestern einen Teil der Mutterrolle.

Andererseits können die alten Geschwisterrivalitäten durch die neue Rolle des Bruders wieder aufflammen. Es tritt eine weitere Person in den Ring, und dann geschieht es immer wieder, dass von diesem Augenblick an der Kampf zwischen den Schwägerinnen ausgetragen wird. Solche Vorgänge verändern die Beziehung zwischen den Geschwistern nachhaltig.

Eingefrorene Beziehungen und eingefrorene Erinnerungen

Sie haben also gesehen, dass sich Geschwisterbeziehungen aus ganz unterschiedlichen Gründen verändern können. Es kommt aber genauso vor, dass solche Beziehungen trotz sich verändernder äußerer Umstände erstarren.

Doch nicht nur die Beziehung selbst kann starr und unflexibel sein, sondern auch das Bild, das wir uns vom anderen machen. Zwei Geschwister erinnern sich an ein Ereignis aus der Kindheit. Die Geschichten jedoch, die dazu erzählt werden, unterscheiden sich erheblich. Da fragt man sich dann, wer hier die Realität völlig verkehrt wahrgenommen hat. Wahrscheinlich hat sich einer von beiden irgendwann einmal ein festes Bild gemacht und jeden neuen Eindruck mit dieser fixierten Vorstellung überblendet. Die Schwester glaubt ganz fest, immer lieb zu ihrem Bruder gewesen zu sein, aber der Bruder hat sie als unausstehliches Wesen in Erinnerung.

Bei einer chaotischen und gestörten Familienatmosphäre kommen solche fixierten Vorstellungen, die sich jedem neuen Impuls widersetzen, recht häufig vor. In gestörten Familien gibt es meist wenig Verlässliches, auf das man bauen könnte. Und da zimmert man sich feste Vorstellungen, um Spannungen und Ängste abzubauen. Und wehe, es kommt jemand daher und will diese erstarrten Bilder zerstören. Er bedroht damit die vermeintliche Sicherheit und Geborgenheit.

Möchten Sie tatsächlich, dass sich Ihre Geschwisterbeziehungen dynamisch entwickeln? Was soll sich konkret verändern? Beruht dieser Wunsch auf Gegenseitigkeit oder stehen Sie mit ihm allein? Was werden Sie tun, damit Ihre Beziehungen lebendig bleiben?

Machen Sie ein Foto

Nehmen wir an, noch alle Angehörigen aus Ihrer Ursprungsfamilie wären am Leben. Sie alle treffen sich zu einem Familienfest. Nun will jemand ein Gruppenfoto von Ihnen allen machen. Überlegen Sie einmal, wie sich die einzelnen Personen verhalten würden. Wer stellt sich neben wen? Wie viel Platz lässt jeder neben sich frei? Wer sucht den Körperkontakt? Würde sich jemand drücken, oder würde jemand „aus Versehen" nicht gerufen werden? Welche Gefühle würden zutage treten? Wenn Sie sich das fertige Foto vorstellen, welche Rollen würden Sie den dort abgebildeten Personen jeweils zuordnen?

Stellen wir uns zudem noch vor, Sie und Ihre Geschwister würden auf einer einsamen Insel leben. Bauen Sie sich in Gedanken ein Haus dorthin, wo es Ihnen am besten gefällt. Bauen Sie nun auch den Geschwistern je ein Haus. Wer wohnt in Ihrer direkten Nachbarschaft, wer weiter weg? Wessen Haus sehen Sie durch Ihr großes Wohnzimmerfenster? Welche Häuser sind durch Wege verbunden? Wenn eins der Geschwister vorübergehend bei Ihnen einziehen müsste, welchen Bruder, welche Schwester würden Sie am liebsten aufnehmen? Wenn die Eltern ein Kind besuchen wollten, welches würden sie zuerst aufsuchen? Wie lange würden sie bei den einzelnen Kindern bleiben? Würden Sie oder eins der anderen Geschwister eifersüchtig sein? Sofern Sie ein Fahrrad auf der Insel hätten, wem würden Sie es ohne Bedenken leihen?

Was sagen Ihnen die Antworten über Ihre Geschwisterbeziehungen? Sind Sie mit der Situation, so wie sie ist, zufrieden, oder möchten Sie, dass sich etwas ändert?

Immer wieder kommen Männer und Frauen zu mir und beteuern, dass es für sie zu spät sei, Veränderungen anzustreben. *„Es ist zu spät. Ich muss meinen Bruder so nehmen, wie er ist. Da wird sich nichts mehr ändern. Unsere Beziehung ist wie in Beton gegossen."*
Solche Aussagen höre ich dann. Doch in Wahrheit ist es niemals zu spät. Selbst eine gute Beziehung lässt sich noch verbessern. Im

Laufe der Jahre habe ich mit so vielen Klienten gesprochen, die alle behaupteten, ihre Geschwisterbeziehung sei so zerrüttet, dass sich da nichts mehr kitten ließe. Aber diese Menschen irrten sich. Eine ganze Reihe von ihnen machte die Entdeckung, dass sich die Beziehung doch verbesserte, nur weil die Beteiligten kleinere Verhaltensänderungen vornahmen. Manchmal genügte es schon, dass nur einer sich änderte oder man einig wurde, sich nicht immer wieder aufs Neue auf die alten Spiele aus der Vergangenheit einzulassen.

Einige Verbesserungen, die oft gewünscht werden

Ich habe Erwachsene gefragt, in welcher Richtung sich ihre Geschwisterbeziehungen verändern sollten. Hier ein paar Antworten, die ich bekam:

* *Ich möchte, dass meine Schwester und ich wirklich auf gleicher Ebene miteinander umgehen können. Ich möchte nicht länger in ihrem Schatten stehen.*
* *Ich wünsche mir nur, dass wir als Freunde miteinander verkehren können. Sollten Bruder und Schwester nicht in der Lage sein, Freundschaft zu schließen?*
* *Ich möchte, dass unsere Familienfeiern endlich wieder harmonisch verlaufen und nicht mehr dieser ewige Zank und Streit herrscht.*
* *Ich möchte, dass wir endlich wirklich erwachsen werden und die Kindheit hinter uns lassen. Wir sind alle Christen. Fangen wir doch endlich an, uns wie erwachsene Christen zu benehmen.*
* *Schluss mit den ständigen Eifersüchteleien.*
* *Lasst uns einfach nur ein bisschen freundlicher miteinander umgehen. Etwas mehr Herzlichkeit kann nicht schaden. Wir werden nie Freunde sein, aber wir können uns wie gesittete Menschen benehmen.*

Das ist der erste Schritt – sich bewusst werden, was sich konkret verändern soll. Und wie bringt man das fertig?

Veränderungen beginnen damit, dass wir uns konkrete und erreichbare Ziele stecken. Schauen Sie nicht wie gebannt auf den Bruder oder die Schwester. Wenn der andere nicht gleich sein Verhalten ändert, kann Sie das ganz schnell entmutigen. Es ist zunächst auch egal, ob der Bruder oder die Schwester sich ändert. Reagieren *Sie* zunächst nicht mehr so wie früher auf bestimmte Verhaltensweisen.

Wer eine Beziehung verbessern will, der muss versuchen, sich in die andere Person hineinzuversetzen. Man muss sich fragen, was treibt den anderen an, sich so und nicht anders zu verhalten? Und da man eine gemeinsame Familiengeschichte hat, wird man in der Vergangenheit so manche Antwort auf diese Frage finden, sofern man danach sucht.

Verbesserung – nicht Perfektion

Stecken Sie sich realistische Ziele, wenn es Ihnen darum geht, Ihre Geschwisterbeziehungen zu verbessern. Erwarten Sie keine Perfektion. Das ist unrealistisch und unerreichbar. Außerdem ist damit Versagen und Enttäuschung programmiert. Eins müssen Sie immer in Betracht ziehen: Der Versuch, etwas zu verbessern, kann auch fehlschlagen. Plötzlich sind Sie sich noch weniger grün als vorher. Wer etwas erreichen will, geht solche Risiken natürlich immer ein.

Ein neues Paradigma

Sie müssen neu hinsehen lernen. Das Glas kann nämlich halb leer oder halb voll sein. Wenn Sie nur 5 Prozent Veränderung sehen, während 95 Prozent alles beim Alten blieb – auf welche Zahl starren Sie dann? Es ist Ihre Entscheidung! Wo investieren Sie all Ihre

Kraft? Sollten Sie wie gebannt auf all das starren, was noch unverändert geblieben ist, so werden Sie jeden Fortschritt im Keim ersticken. Da ist es viel versprechender, sich dankbar über die kleinste Verbesserung zu freuen und sie im Auge zu behalten, um daraus mehr zu machen.

Es wird sich nichts verändern, sofern Sie nicht Zeit, Energie und Geduld investieren. Und wenn sich tatsächlich etwas verändert, dann möglicherweise sehr langsam. Bestimmte Lebensfertigkeiten müssen wie das Eislaufen oder die Beherrschung eines Instruments erobert und durch tägliches Training diszipliniert eingeübt werden. Man schafft es einfach nicht, Verhaltensmuster, die jahrelang eingefahren sind, in wenigen Tagen über Bord zu werfen. Daran sollten Sie immer denken. Allzu spontane Veränderungen sind selten und dann meist auch nicht von Dauer.

Hilfreich ist auch, wenn Sie lernen, Ihre Geschwister nicht immer nur in ihren festgelegten Rollen wahrzunehmen. Wenn der Bruder für Sie immer nur der Spaßmacher oder der Sündenbock ist, dann werden Sie sich ihm gegenüber auch immer nur in einer bestimmten Weise verhalten, und Sie berauben sich der Chance für einen Neuanfang mit ihm.

Versuchen auch Sie, aus der Rolle auszubrechen, an die Sie sich all die Jahre so gewöhnt haben. Hinterfragen Sie doch einmal Ihr allzu stereotypes Verhalten und schreiben Sie ein paar Gedanken dazu auf. Und dann überlegen Sie, was Sie anders machen könnten. Legen Sie auch das schriftlich fest. Es ist möglich, sich von den bisherigen Rollen zu lösen und Dinge auch einmal ganz anders zu machen. Viele haben es geschafft!

Schritte zur Versöhnung

Was muss man tun, wenn man sich mit dem Bruder, mit der Schwester versöhnen will?

Bevor Sie aktiv werden, sollten Sie dem Betreffenden Ihre Absicht mitteilen. Sagen Sie, was Sie erreichen wollen. Sie könnten Folgendes sagen:

* *Ich bin sehr daran interessiert, dass unser Verhältnis besser wird. Ich möchte etwas dafür tun, und es wäre schön, wenn auch du daran interessiert wärst.*
* *Ich möchte über unsere Beziehung reden. Es gefällt mir gar nicht, wie ich dir gegenüber manchmal eingestellt bin. Ich möchte mich dafür einsetzen, dass wir wieder besser miteinander auskommen.*
* *Ich habe in der letzten Zeit öfters darüber nachgedacht, was alles zwischen uns schief gelaufen ist. Unser Verhältnis wird dadurch unnötig belastet. Ich hoffe aber, dass wir gemeinsam etwas dagegen tun können.*

Sprechen Sie dieselbe Sprache

Haben Sie erst einmal Ihre Ziele ins Auge gefasst, müssen Sie für Ihr weiteres Vorgehen ein wichtiges Prinzip beherzigen: *Sie werden mit Ihrem Anliegen besser verstanden, wenn Sie die Sprache des anderen sprechen.*

All jene kommen besser mit anderen Menschen aus und werden besser verstanden, die flexibel genug sind, ihren Kommunikationsstil der jeweiligen Person anzupassen. Jeder redet nämlich lieber mit Menschen, die die eigene Sprache sprechen und verstehen. In vielen Ehebüchern und Karriereratgebern wird auf diesen Zusammenhang hingewiesen. Warum sollte er nicht auch für Geschwisterbeziehungen gelten? Viele Beziehungskonflikte beruhen auf Defiziten in der Kommunikation.

Wenn Ihre Schwester beispielsweise eine Tendenz zur Pedanterie hat, sollten Sie vermeiden, allzu global über bestimmte Dinge zu reden. Kann Ihr Bruder dagegen weitschweifige Erklärungen nicht ausstehen, bemühen Sie sich, sich kurz zu fassen und sich auf das

Wesentliche zu beschränken. Neigen Sie zu Unkonzentriertheit und Fahrigkeit beim Erzählen, während der Gesprächspartner Ihre Art nicht ausstehen kann, dann setzen Sie alles daran, ihn nicht unnötig zu reizen. Sprechen Sie so konzentriert wie möglich.

Und wenn Sie als Frau mit Ihrem Bruder auf Emotionen zu sprechen kommen, sollten Sie ihn nicht unbedingt fragen, was er bei diesem oder jenem *fühlt*. Erkundigen Sie sich lieber: „Was geht in dir vor, wenn ...“

Denken Sie immer daran, dass die Persönlichkeitsunterschiede stark die Kommunikation färben. Wenn Sie und Ihre Schwester zufällig extrovertierte Menschen sind, werden sie beide laut denken und deshalb so manches ins Unreine sprechen. Extrovertierte müssen das Zuhören erst lernen. Es ist keine Fähigkeit, die ihnen in die Wiege gelegt worden ist. Außerdem meinen sie, dass jedes zusätzliche Wort zur Klärung beitragen wird. Eins sollten sie in jedem Fall noch beachten: Kontaktfreudige Menschen brauchen mehr Zustimmung und Lob als andere.

Ist Ihr Bruder jedoch eher introvertiert, dann kann es ihm ziemlich auf die Nerven gehen, wenn Sie allzu viele Worte machen. Mit einer Eigenschaft muss man bei den Introvertierten in jedem Fall rechnen: Bevor sie eine Antwort geben, müssen sie im Stillen darüber nachdenken. Schweigt Ihr Gesprächspartner, bedeutet dies nicht etwa, dass Sie nicht gehört worden sind. Ermuntern Sie Ihre stille Schwester oder den introvertierten Bruder ruhig, über das Gesagte erst einmal nachzudenken, bevor sie oder er eine Antwort gibt. Und fallen Sie dem anderen nicht gleich ins Wort, wenn er mal eine Sprechpause macht. Ein solches kurzes Schweigen bedeutet nicht, dass er schon am Ende ist.

Ganz wichtig ist übrigens noch, dass Sie das Gespräch mit dem introvertierten Geschwister nicht in der Öffentlichkeit führen. Introvertierte fühlen sich in privater Atmosphäre viel entspannter und wohler.

Verantwortung übernehmen

Der zweite Schritt auf dem Weg zu Aussöhnung besteht darin, dass Sie sich zu Ihrer Mitverantwortung für die entstandenen Konflikte bekennen. So könnten Sie Folgendes sagen:

* *Es ist mir schon klar, dass früher, als wir Kinder waren, ich immer mehr Beachtung fand als du. Das muss dich ganz schön verletzt haben.*
* *Wenn du Ärger gekriegt hast, habe ich das oft ausgenutzt, um meinen Willen zu bekommen.*
* *Hast du dir schon mal gewünscht, wir könnten unsere Kindheit noch einmal durchleben? Ich schon. Ich war oft ziemlich gemein zu dir und habe nur an mich gedacht. Ich hätte netter sein können, denn eigentlich warst du ein sehr umgängliches Kind.*
* *Als Jugendliche habe ich von Papa immer sehr viel mehr Aufmerksamkeit bekommen. Ich habe es einfach besser verstanden, mich ins rechte Licht zu rücken. Das muss dir ganz schön zu schaffen gemacht haben.*
* *Auch heute noch kümmere ich mich einfach zu wenig um dich. Wenn ich du wäre, würde ich mich auch so manches Mal im Stich gelassen fühlen.*
* *Manchmal behandle ich dich heute noch so wie früher, als wir Kinder waren. Ich möchte das eigentlich gar nicht. Du bist längst nicht mehr das kleine Kind. Du bist erwachsen geworden.*

Die angestrebten Ziele benennen

Der dritte Schritt besteht darin, dass wir konkret sagen, wie wir uns unsere Beziehung in Zukunft vorstellen – was sich also ändern soll. Hier ein paar Beispiele, was Sie sagen könnten:

193

*Ich wünsche mir, dass wir öfter und ausführlicher miteinander reden. Ich fände es gut, mehr über dich zu erfahren.
* Ich wünsche mir einen echten Gedankenaustausch ohne den Zwang, mich wieder gegen dich durchsetzen zu müssen.
* Ich möchte wieder ein echtes Vertrauensverhältnis zu dir aufbauen. Ich denke, dass ich dich mindestens zweimal im Monat anrufe, damit wir reden können. Wäre dir das recht?
* Ich möchte, dass du jemand bist, mit dem ich alles besprechen kann.
* Es wäre schön, wenn wir beide wieder so vertraut miteinander wären, dass Mutti und Papa es nicht schaffen, bei Familienfesten die alten Zankäpfel hervorzuholen.
* Ich möchte dich um Vergebung für alles bitten, was ich dir angetan habe. Du sollst wissen, dass ich alles daransetzen werde, damit unser Verhältnis wieder besser wird.

Mit diesem dritten Schritt haben *Sie* Ihren Teil dazu beigetragen, dass sich das Verhältnis zum Bruder oder zur Schwester verbessert. Vielleicht ernten Sie eine positive Reaktion. Vielleicht aber auch nicht! Wichtig ist nur, dass Sie es versucht haben.

Vergeben Sie

Der vierte Schritt bedeutet, dem anderen zu *vergeben*. Sie nehmen es Ihrem Bruder, Ihrer Schwester möglicherweise übel, was er oder sie Ihnen alles angetan haben. Um einem Neuanfang in Ihrer Beziehung eine Chance zu geben, ist aber Vergebung unverzichtbar. Und Vergebung bedeutet, dass Sie all die erlittenen Kränkungen nicht mehr krampfhaft festhalten, sondern sie loslassen.

Vergebung kann Sie etwas kosten. Warum? Weil es schwer fällt, verloren gegangenes Vertrauen wieder neu zu beleben. Sind Sie bereit, wieder ganz neu zu vertrauen? Vergebung bedeutet, dass zukünftig Schweigepflicht besteht. Sie werden nicht mehr darüber reden, was der andere Ihnen alles angetan hat. Es ist ein für allemal aus dem Protokoll gestrichen und kann Ihrem Geschwister nie wieder vorgehalten werden. Bevor Sie die Vergebung aussprechen, sollten Sie sich der Konsequenzen vollkommen bewusst sein.

Jeder von uns geht mit seinen Verletzungen anders um. Der eine quält sich wochen- und monatelang damit herum, während der andere jeden Gedanken daran schon nach Stunden abschüttelt. Manche Menschen scheinen Glück zu haben. Sie sind offenbar mit einer geheimnisvollen Drüse ausgestattet, deren Sekret ein gnädiges Vergessen bewirkt. Diese Menschen sind absolut nicht nachtragend. Vergangene Verletzungen sind schon nach kurzer Zeit vergessen. Mit dem neuen Morgen stirbt das Leid von gestern. Doch die meisten von uns machen die Erfahrung, dass Erlittenes aus der Vergangenheit unaufhörlich in ihrem Gedächtnis rumort, ohne dass sie etwas dagegen tun könnten.

Ich betreue regelmäßig Menschen seelsorgerlich, die von Bitterkeit und Groll verzehrt werden. Doch in Epheser 4,31 werden wir ermahnt, alle Bitterkeit abzulegen. Wissen Sie aus persönlicher Erfahrung, was Bitterkeit ist? Sie ist verantwortlich dafür, dass wir scharfzüngig werden und immer einen Vorrat an Nadeln in der Tasche haben, um unsere Mitmenschen damit zu traktieren. Dazu gehören natürlich auch unsere Geschwister. Groll ist eine Grundhaltung, die dem Nächsten nichts Gutes wünscht, denn er soll bis auf den letzten Heller bezahlen, was er vermeintlich noch schuldet.

Wer verbittert ist, hat zugelassen, dass die ungerechte Behandlung seine Gefühle und sein ganzes Leben infiziert. Wenn wir den Bruder nicht aus seiner Schuld entlassen, machen wir uns selber zum Sklaven unserer Gekränktheit. Wer an die Verletzungen der Vergangenheit gekettet ist, der wird in der Zukunft nicht ohne Hass leben können, und er missbraucht eine wichtige Fähigkeit, die Gott uns gegeben hat – das Gedächtnis.

Sie teilen so viele Erinnerungen mit Ihren Geschwistern. Es ist Ihre Entscheidung, welche davon Sie hüten und bewahren wollen, ob Sie Ihr Gedächtnis nutzen, um sich glücklicher Augenblicke zu erinnern, oder ob Sie sich lediglich zum Zweck der Rache Ihrer

Erinnerungen bedienen wollen. Das Gedächtnis kann also Segen oder Waffe sein. Sie allein entscheiden über den Einsatz.

Vor Jahren sah ich einen Western, in dem sich zwei Gegner mit gezogenem Revolver auf kurzer Entfernung gegenüberstanden. Mit ihren Waffen hätten sie sich ohne weiteres gegenseitig umbringen können. Doch dann ließen sie die Pistolen sinken, und der eine sagte: „Ich will nicht mehr kämpfen. Es kann unter uns keinen Sieger geben. Wir haben versucht, uns umzubringen. Versuchen wir lieber, am Leben zu bleiben." Mit diesen Worten reichten sie sich die Hände.

Jetzt wenden Sie vielleicht ein: „Aber wenn ich ihr vergebe, was sie mir angetan hat, tut sie es vielleicht wieder." Das kann durchaus sein! Selbst wenn wir vergeben, haben wir keine Garantie, dass uns in Zukunft kein Unrecht mehr geschieht.

„Aber wenn ich ihm vergebe, trete ich doch aus der Deckung. Ich werde angreifbar und kann erneut verletzt werden." Auch dieser Einwand ist berechtigt. Dennoch ist Vergebung immer noch die sicherste Alternative zur völligen inneren Erstarrung als Folge tiefer Verbitterung.

Wenn der Bruder oder die Schwester für das Unrecht bezahlen soll, welches Strafmaß legen Sie dann fest? Wie lange wollen Sie sich ihm oder ihr entziehen? Wie lange wollen Sie eisern schweigen? Wie lange wollen Sie kurz angebunden und sauer sein? Wie fühlen Sie sich als Racheengel?

Ich möchte Sie nicht richten oder als strenger Mahner daherkommen. Ich weiß nur, wie viel Leid sich Menschen selbst auferlegt haben, indem sie es nicht vermochten, erlittenes Leid loszulassen.

Wenn sich zwei Menschen nach einem Streit begegnen, erfordert die Rückkehr zu einem Vertrauensverhältnis, dass ein Versprechen gegeben wird und die Bereitschaft besteht, sich darauf zu verlassen. Derjenige, der Sie verletzt hat, muss das Versprechen geben, es nicht wieder zu tun, und Sie müssen bereit sein, auf dieses Wort zu vertrauen. Eine Garantie wird man Ihnen nicht geben können. Sie werden sich nicht auf den anderen verlassen können wie auf einen programmierten Computer oder einen abgerichteten Hund. Es handelt sich schließlich um einen ganz normalen Menschen, der fehlbar ist. Sie lassen sich in jedem Fall auf ein Vabanquespiel ein und tragen das Risiko.

Die Frage ist, was Sie wollen. Wollen Sie, dass die inneren Verletzungen niemals abheilen, so dass Sie sich in Ihre Verbitterung immer tiefer vergraben können? Wollen Sie an Ihrem Groll krampfhaft festhalten, der Ihnen jede Lebensfreude und den Glauben an Christi Macht und Gegenwart raubt? Oder wollen Sie Ihre Geschwister so annehmen, wie sie nun einmal sind – was immer sie Ihnen auch angetan haben? Voraussetzung dafür ist, dass Vergangenes nicht mehr Ihr heutiges Leben negativ beeinflussen darf. Nur wenn Sie sich von der Last der Vergangenheit befreien, können Sie sich in der Zukunft frei entfalten, können das Leben genießen und sich und andere lieben.

Die Definition des Wörterbuchs für das Wort *vergessen* macht im Grunde schon deutlich, was Vergebung sein soll: „Aus dem (geistigen) Besitz verlieren: *aus dem Gedächtnis verlieren, sich nicht merken können.*"

Wenn wir nicht vergeben, quälen wir uns selbst. Und ein gequälter Mensch ist weniger leistungsfähig, weil er sich selbst zum Behinderten macht. Vergebung sagt: „Es ist wieder alles in Ordnung zwischen uns. Es ist vorbei. Ich trage dir nichts nach, deshalb bist du nicht mehr mein Feind. Ich liebe dich, auch wenn du mich nicht zurücklieben kannst."

Vergebung ist geistliche Chirurgie an Ihrer Seele. Es wird dabei weggeschnitten, was Ihnen angetan worden war, so dass Sie Ihren Feind fortan mit anderen Augen sehen können. Und das wiederum lässt Ihre Seele heilen. Trennen Sie den Bruder oder die Schwester von der erlittenen Kränkung und lassen Sie sie los, wie ein Kind den gefangenen Schmetterling aus seinen geöffneten Händen fliegen lässt. Laden Sie den Bruder, die Schwester dann ganz neu in Ihr Herz ein. Ein Stück unerfreuliche gemeinsame Geschichte ist gelöscht worden.

Wir sind zur Vergebung fähig, weil Gott uns zuvor vergeben hat.

Er hat es uns auf beeindruckende Weise vorgelebt. Um innerlich heil zu werden, müssen wir zulassen, dass Gottes Vergebung unser Leben durchdringt und neu macht. Das ist der erste Schritt. Wollen Sie befähigt werden, Ihrem Geschwister wieder alles Gute zu gönnen, dann müssen Sie Vergebung wagen.

Allerdings sollten wir uns immer vor Augen führen, dass Vergebung kein einmaliger Akt, sondern ein Prozess ist. Jede Heilung geht nur allmählich vonstatten – das gilt auch für die Wiederherstellung einer Beziehung. Doch bereits nach den ersten zaghaften Versuchen kann es sein, dass Sie sich Ihrer Sache nicht mehr ganz sicher sind. Es kommt oft vor, dass jemand einerseits die Nähe des Bruders oder der Schwester sucht, sich aber gleichzeitig bedroht fühlt. Die Geschwindigkeit, mit der man sich annähert, sollte deshalb ganz individuell gestaltet werden.

Wenn Sie Ereignisse aus der Vergangenheit wirklich bedauern, dann ist der ernst gemeinte Satz: „Es tut mir Leid!" ein Schritt zur Versöhnung, der nicht ausgelassen werden darf. Wer diesen Satz sagt, bezichtigt sich damit nicht selber, ein Schurke zu sein. Er bringt damit lediglich zum Ausdruck: „Ich wünschte, diesen Teil unserer gemeinsamen Geschichte neu schreiben zu können. Aber das geht ja leider nicht. Ich bin für das Geschehene verantwortlich, und du kannst damit rechnen, dass es nicht wieder geschieht."

Versöhnen Sie sich

Ein weiterer wichtiger Schritt bei der Überwindung kranker Geschwisterbeziehungen ist die Versöhnung. Leider werden häufig Versöhnung und Vergebung miteinander verwechselt. Tatsächlich muss man beides unterscheiden. Die Vergebung ist ein einseitiger Akt. Sie sprechen sie aus, ob der andere darauf eingeht oder nicht. Sie allein entscheiden sich dafür und bestimmen darüber.

Versöhnung ist etwas anderes. Für sie ist Zustimmung von beiden Seiten nötig. Ein Mensch allein kann sich nicht versöhnen. Zwei Menschen müssen zumindest teilweise einen gleichen Nenner gefunden haben. Und beide Seiten müssen den Willen dazu mitbringen, sich durch Reue und Vergebung wieder einander anzunähern.

In der Geschichte vom verlorenen Sohn (Lukas 15) versöhnen sich zwar Vater und Sohn, aber nicht die beiden Brüder. Der ältere Bruder will seinen Ärger über den jüngeren nicht aufgeben. Ja, nicht nur das. Er nimmt auch noch dem Vater übel, dass dieser den verlorenen Sohn sofort wieder mit offenen Armen empfangen hat. Der Vater versucht zwar, sich auch mit seinem Ältesten zu versöhnen, aber dieser will offenbar nicht.

Glauben Sie, dass zwischen Ihnen und Ihrem Bruder/Ihrer Schwester Versöhnung möglich ist? Wenn der Wille vorhanden ist, kann man Versöhnung grundsätzlich immer herbeiführen. Aber man muss ein paar Dinge beachten. Welche Schritte sind zu tun?

Zunächst einmal müssen sich die Beteiligten darüber im Klaren sein, dass man sich Versöhnung nicht verdienen kann. Sie kann immer nur verschenkt werden. Dazu schreibt David Stoop: „Vergebung und Versöhnung sind deshalb so erhaben, weil sie dem freien Willen des Herzens entspringen."

Neben der Vergebung ist Annahme eine weitere Voraussetzung für Versöhnung. Wer sich versöhnen will, muss sich gegenseitig annehmen. Aber Annahme kostet uns etwas, und es müssen einige Bedingungen erfüllt sein:

* *Beide Seiten müssen einander mit allen Stärken und Schwächen annehmen.*
* *Jeder muss seine eigenen Schwächen eingestehen können.*
* *Beide Seiten müssen die Heilung der Beziehung wünschen und anstreben.*
* *Jeder muss bereit sein, das Recht aufzugeben, sein Recht verteidigen zu dürfen.*
* *Beide Seiten müssen bereit sein, jeden Wunsch nach Rache und Vergeltung aufzugeben.*

Richtig reagieren

Und nun kommt noch der letzte Schritt auf dem Weg zu einer verbesserten Geschwisterbeziehung. Wie werden Sie reagieren, wenn der Bruder oder die Schwester auf Ihren Vorstoß eingeht? Darüber haben Sie vielleicht noch gar nicht nachgedacht. Es könnte also sein, dass die Reaktion Ihres Geschwisters so überraschend ist – vor allem wenn es eine positive Antwort sein sollte –, dass Sie überhaupt nicht wissen, wie Sie sich verhalten sollen.

Ich habe es immer wieder erlebt, dass Menschen wie der Prophet Jona reagierten. Wie verhielt er sich, als die Bewohner Ninives wider Erwarten Buße taten? Jona war erbost, weil die Leute auf Gottes Botschaft so spontan reagierten. Im Grunde wäre es ihm lieber gewesen, wenn sie Gottes Angebot abgelehnt hätten und sie daraufhin bestraft worden wären.

Ich habe schon häufig erlebt, dass Angehörige genauso verblüfft reagierten, wenn der Bruder oder die Schwester ein neuer Mensch geworden war und sich plötzlich ganz anders verhielt. Wie kommt das? Die gewohnten Verhaltensmuster funktionieren auf einmal nicht mehr. Die Geschwister müssen reagieren und sich ihrerseits verändern. Und das bereitet Unbehagen. Und wenn sich jemand zum Positiven verändert, kann man plötzlich nicht mehr so schön über ihn herziehen. Es fehlt plötzlich die Grundlage dafür, sich überlegen und besser zu fühlen.

In Gottes Wort finden wir ein praktisches Beispiel dafür, wie sich Gott unsere Reaktion auf sich verändernde Mitmenschen vorstellt. Zum Anfang dieses Buches sprachen wir über das Schicksal eines Lieblingssohnes. Es ging um Josef. Sie wissen vermutlich, dass dieser junge Mann, nachdem er nach Ägypten in die Sklaverei verkauft worden war, am Ende zu Macht und Ansehen gelangte. Und dann versöhnten sich er und seine Brüder auch noch. Ihre Familien wurden wieder vereint, und Jakob lebte von da an bei seinem Sohn in Ägypten. (Siehe 1. Mose 37-50)

Nachdem Jakob eines Tages gestorben und begraben war, fürchteten die Brüder, dass Josef Vergeltung an ihnen für alles üben würde, was sie ihm vor Jahren angetan hatten:

Und als Josefs Brüder sahen, dass ihr Vater gestorben war, sagten sie: Wenn nun Josef uns anfeindet und uns gar all das Böse vergilt, das wir ihm angetan haben. Deshalb ließen sie Josef sagen: Dein Vater hat vor seinem Tod befohlen und gesagt: »So sollt ihr zu Josef sagen: Ach, vergib doch das Verbrechen deiner Brüder und ihre Sünde, dass sie dir Böses angetan haben!« Und nun vergib doch das Verbrechen der Knechte des Gottes deines Vaters! Da weinte Josef, als sie zu ihm redeten (1. Mose 50,15-17).

Sie hatten noch immer nicht verstanden, was Gnade ist. Es war sozusagen alles „zu schön, um wahr zu sein". Alles, was sie Jahre zuvor gesagt und getan hatten, war ihnen nun wieder ganz plötzlich gegenwärtig. Als die vielen vergessen geglaubten Bilder wieder auftauchten, überkam sie die Angst. War Josef vielleicht nur um seines Vaters willen freundlich zu ihnen gewesen? Hatte er deswegen die Rache an ihnen noch nicht vollzogen?

Ihnen war klar, dass mit dem Tod des Vaters auch dessen mäßigender Einfluss auf ihren Bruder geschwunden sein konnte. Solange Jakob am Leben war, fühlten sie sich einigermaßen sicher – zumindest sicherer als jetzt. Nun, da der Vater gegangen war, wer konnte wissen, was ihnen bevorstand?

Lesen Sie, wie Josef tatsächlich reagierte. Seine Gesinnung ist ein großartiges Vorbild für uns alle:

Josef aber sagte zu ihnen: Fürchtet euch nicht! Bin ich etwa an Gottes Stelle? Ihr zwar, ihr hattet Böses gegen mich beabsichtigt; Gott aber hatte beabsichtigt, es zum Guten zu wenden, damit er tue, wie es an diesem Tag ist, ein großes Volk am Leben zu erhalten. Und nun, fürchtet euch nicht! Ich werde euch und eure Kinder versorgen. So tröstete er sie und redete zu ihrem Herzen" (1.Mose 50,19-21).

Josef beabsichtigte nicht, sie für ihre Vergehen zu bestrafen. Und Schadenfreude war ihm auch fremd. Er hätte sie ja erst einmal im Ungewissen lassen können. Doch er ersparte es ihnen, an ihren Schuldgefühlen zu leiden. Er richtete sie auf und tröstete sie.

Werden Sie in der Lage sein, Ihren Bruder, Ihre Schwester aufzurichten? Josef sprach freundlich mit seinen Brüdern. Werden Sie seinem Beispiel folgen? Was aber war der Schlüssel zu Josefs Größe? Es war Gnade – ein schlichtes Wort für das Zeichen tiefster Liebe.

Josef ließ sich von dieser Gnade leiten. Sie ließ ihn reden. Sie ließ ihn vergessen. Sie ließ ihn lieben. Sie prägte sein Erinnern. Und durch sie konnte er zu den vor ihm knienden Brüdern sagen: „Steht auf! Gott hat alles zum Guten gewendet!"

Wenn nun auch wir uns diese Gnade zueigen machen und unser Leben danach ausrichten, dann können wir auch über unsere Geschwisterbeziehungen sagen: Es war Gottes Plan, alles zum Guten zu wenden.